글 쓰는 작가
강의도 하는 작가
마케팅까지 하는 작가

디지털 노마드 작가의 IT 서비스 활용기

조정원

글 쓰는 작가 강의도 하는 작가 마케팅까지 하는 작가 • 디지털 노마드 작가의 IT 서비스 활용기

저　자 ｜ 조정원
펴낸이 ｜ 최용호

펴낸곳 ｜ (주)러닝스페이스(비팬북스)
디자인 ｜ 최인섭
주　소 ｜ 서울시 구로구 디지털로32가길 16, 1206-240
전　화 ｜ 02-857-4877
팩　스 ｜ 02-6442-4871

초판1쇄 ｜ 2017년 11월 20일
등　록 ｜ 2008년 11월 14일 (제 25100-2017-000082호)
홈페이지 ｜ www.bpanbooks.com
전자우편 ｜ book@bpanbooks.com

이 도서의 저작권은 저자에게 있으며 저자 및 출판사의 허락 없이 일부 혹은 전체
내용을 무단복제하는 행위는 저작권법에 저촉됩니다.

값 15,000원
ISBN 978-89-94797-78-6 (03000)

비팬북스는 (주)러닝스페이스의 출판부문 사업부입니다.

이 도서의 국립중앙도서관 출판시도서목록 CIP는 e-CIP 홈페이지
(http://www.nl.go.kr)에서 이용하실 수 있습니다. CIP 제어번호 : CIP2017029551

글 쓰는 작가
강의도 하는 작가
마케팅까지 하는 작가

디지털 노마드 작가의 IT 서비스 활용기

조 정 원

차례

서문   6
첫 번째 이야기 · 정보 수집   9
    1.1 IT 서비스를 활용하기 전에 준비할 것   11
    1.2 구글을 이용한 정보 수집   17
    1.3 소셜 네트워크를 이용한 정보 수집   23
    1.4 질문지를 이용한 소재거리 수집   33
    1.5 구글 스프레드시트 자동화로 정보 수집   41
    1.6 디지털 및 아날로그 메모장과 노트에 기록하고 저장하기   45

두 번째 이야기 · 집필   51
    2.1 모바일과 클라우드 환경을 이용해 시간 벌기   53
    2.2 에버노트를 이용한 집필   60
    2.2.1 에버노트를 활용하여 글쓰기에 날개를 달자   60
    2.2.2 에버노트를 이용하여 목차 만들기   63
    2.2.3 인터넷에서 에버노트로 자료 수집   68
    2.2.4 공동 저자들과 프로젝트 공유하기   72
    2.2.5 에버노트로 작성한 원고에서 이미지 관리하기   76
    2.3 MS 워드/파워포인트 활용   81
    2.3.1 문서 스타일과 개요 번호 적용하기   81
    2.3.2 상호 참조 기능을 이용하여 그림/표 캡션 삽입하기   86
    2.3.3 워드프로세스 검토 기능 활용   89
    2.4 드롭박스를 이용한 동기화 문서 활용   93
    2.5 네이버 카페북을 이용한 공동 집필   98

     2.5.1 카페북 등급 별 관리   104
     2.5.2 버전 비교 및 복구 기능   107
     2.5.3 이미지 저장은 [원본유지]를 체크   109
     2.5.4 카페북 작성 후 검색 설정 및 기능 설정 범위   110

세 번째 이야기 · 강의   115

    3.1 책이라는 큰 '도구' 활용   117
    3.2 교육은 저자의 설 자리를 지키는 것   120
    3.3 오픈 플랫폼을 활용한 강의 추진   128
    3.4 온오프믹스 플랫폼을 왜 사용해야 하나   131
    3.5 제일 신경 쓸 장소 임대, 교육센터와 협업하기   136
    3.6 유튜브를 이용한 강의 공유   139
    3.7 구글 드라이브를 이용한 강의 교재 공유   146
    3.8 온라인 교육 유통 플랫폼 활용   149
    3.9 교육 서비스 벤치마킹 및 사전 준비   153

네 번째 이야기 · 마케팅   157

    4.1 강의 마케팅은 물 흐르듯이   159
    4.2 블로그는 최고의 마케팅 플랫폼   164
     4.2.1 블로그는 모든 마케팅의 중심   169
     4.2.2 블로그에 다음 책 준비   170
     4.2.3 예약 기능을 활용한 블로그 관리 방법   173
     4.2.4 워드API를 활용한 블로그 작성   175
     4.2.5 네이버 키워드 검색 도구 활용   182
    4.3 페이스북 그룹 활용   185
    4.4 브런치 글쓰기 플랫폼 활용   188
    4.5 요즘 대세, 카드뉴스 마케팅   199

에필로그 – 버킷리스트와 비전 선포   206
글 마치며   213

서문

IT 보안에 종사하면서 많은 책을 쓰게 되었다. 나의 지식을 글로 하나씩 표현하기 시작한 것이 이제는 전업 작가만큼 많은 분량을 쓰기에 이르렀다. 초기에는 내 글을 꼭 책으로 내겠다는 목표를 세우고 글쓰기를 했지만, 이제 글쓰기 자체를 좋아하고 즐기게 되었다. 글쓰기를 하다보니 여러 작가님을 만날 기회가 생겼고 정기적으로 작가 모임도 하고 있다. 작가님들과 같이 글을 쓰고 서로 봐주며 의견을 나누고 있다. 그러면서 모임에 참여한 작가들의 책이 한 권 두 권 나오고 있다. 하지만, 작가님들이 항상 큰 벽에 부딪히는 것이 있다. 바로 IT 서비스의 활용이다.

책을 출간했다는 것은 자기 인생의 한부분에 마침표를 찍으면서 대중에게 보여주는 것이다. 그렇다면 더욱 더 많은 대중에게 보여줘야 책을 쓴 이유를 충족시킬 것이다. '이 책을 쓴 이유'를 지속적으로 알리고 독자와 소통할 수 있는 채널을 만들어야 한다. 오프라인 모임으로는 한계가 있다. 다양한 온라인 서비스를 이용하여 잠재적인 독자를 만들어야 하고 팬을 만들어야 한다. 그럼 소통은 점점 늘어나게 된다.

작가님들께 이런 중요함을 설명하고 강의를 했지만 많이 어려워했다. 필자는 IT 업종에 종사하고 있지만, 다른 분야에 있는 작가님이 더 많아 단기간에 이해시키는 데 어려움도 있었다. 또한, 서비스를 활용하는 이유의 목표를 이루기까지 지속성을 유지해야 하는데 한계에 부딪히곤 했다.

작가라면 "내가 종사하고 있는 분야의 어떤 주제를 가지고 냈는데 어떻게 홍보를 해야 하지?", "책을 냈는데 왜 사람들의 반응이 없지?", "출간한 책을 기반으로 교육을 하고 싶은데 어떻게 진행해야 하지?", "강의는 어떻게 개설하고 사람들을 어떻게 모집하지?"라는 물음에 대한 답을 얻고 싶을 것이고, 책을 쓰고 강의를 하고 있는 선배들의 이야기를 듣고 싶을 것이다.

이 책은 작가들에게 꼭 필요한 IT 활용법을 상세히 설명한다. 한 권의 책에서 끝나지 않고 두 권, 세 권을 쓰기 위해 공개된 도구를 어떻게 다루느냐에 따라 시간을 아낄 수 있다.

그리고 작가들이 책을 쓰고 난 뒤에 "1인 창업"을 하기 위해 어떤 IT 서비스를 활용할 수 있어야 하는지 설명한다. 이 책에 나오는 서비스만이 답은 아니지만 필자가 직장을 다니면서 1년에 수권의 책을 쓰고 많은 강의를 기획할 수 있었던 것은 도구들을 잘 융합했기 때문이라 생각한다. 그 모든 방법을 하나도 빠짐없이 설명했다.

항상 책을 쓸 때마다 식구들에게 미안하다. 직장을 다니면서 책을 써야 하므로 가끔 주말에도 같이하지 못할 때가 있다. 그래도 옆에서 항상 응원을 해주고 있 다. 집필한 책들을 제일 잘 보이는 곳에 전시를 해주고 집에 방문하는 사람들에 게 칭찬을 아끼지 않고 있다. 식구들의 힘이 없었다면 책 한 권 한 권 마무리하 지 못했을 것이다. 부인 김혜진에게 사랑하고 존경한다고 전하고 싶다. 아들 조호영, 딸 조희영도 글을 쓸 때 와서 항상 웃어주는 모습에 사랑하고 고맙다는 말을 전하고 싶다.

첫 번째 이야기 · 정보 수집

첫 번째 이야기에서는 책 쓰기의 반절이라고 할 정도로 중요한 정보 수집을 다룬다. 수집된 정보를 이용하여 새로운 것을 공부해 글로 쓸 수 있고 본인이 쓴 글을 객관적으로 비교할 수도 있다. 또한 수집된 정보에 자신의 경험과 철학을 넣으면 본인만의 글이 탄생한다. 그만큼 글을 쓰는 작가에게 정보 수집은 중요하다.

이번 장에서는 책을 쓸 때 정보 수집에 활용할 수 있는 다양한 IT 서비스들을 설명한다. 이 서비스들은 여러분도 자주 사용하는 서비스이다. '책 쓰기'라는 목표를 가지고 이들 서비스를 보면 일반적으로 사용할 때와 다른 기능들에 집중하게 되며, 그 기능들은 효율적인 글쓰기로 연결된다. 필자도 책을 쓰면서 항상 사용하는 서비스이며 이들 서비스를 이용해서 지금까지 많은 책을 출간할 수 있었으므로, 이번 장에서 다루는 내용이 독자 여러분에게도 도움이 되기를 바란다.

1.1 IT 서비스를 활용하기 전에 준비할 것

이 책에서 설명하는 실습에서는 구글의 지메일, 크롬 브라우저, 유튜브, 구글 앱스를 활용하고 페이스북, 트위터, 온오프믹스, 드롭박스 등을 활용한다. 활용 방법은 앞으로 상세히 다룰 예정이지만 계정을 미리 등록해두어야 한다. 각 서비스의 계정을 등록하는 방법은 간단하므로 생략하겠다. 해당 사이트에 가서 계정을 만들기 바란다.

- 지메일 계정 생성: www.google.co.kr
- 페이스북 계정 생성: www.facebook.com
- 트위터 계정 생성: www.twitter.com/
- 온오프믹스 계정 생성: www.onoffmix.com
- 에버노트 계정 생성: www.evernote.com
- 드롭박스 계정 생성: www.dropbox.com

이 책에서 설명하는 인터넷 서비스는 모두 구글 크롬 브라우저에서 이용했다. 인터넷 브라우저 중 세계에서 제일 많이 사용하는 것은 구글 크롬이다. 사용자에게 페이지를 보여주는 속도도 아주 빠르며 인터넷 검색을 하는 데 유용한 확장 프로그램을 제공한다. 구글 크롬 브라우저를 사용하지 않는 독자들은 아래 경로에서 설치한다.

https://www.google.co.kr/chrome/browser/desktop/

그림 1-1에서 [Chrome 다운로드] 버튼을 클릭한다.

그림 1-1 구글 크롬 브라우저 설치

그림 1-2와 같이 다운로드 동의 페이지가 나타난다. [동의 및 설치] 버튼을 클릭한다.

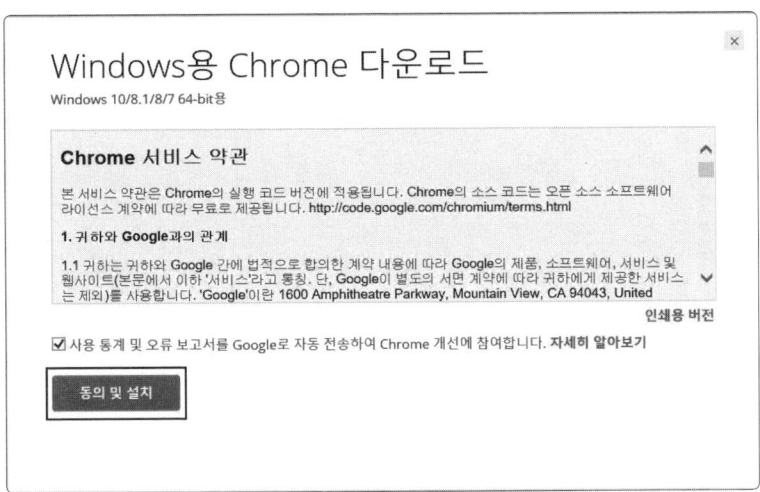

그림 1-2 구글 크롬 브라우저 동의 및 설치

실행 파일이 다운로드되면 그림 1-3의 [실행] 버튼을 클릭해서 설치를 진행한다.

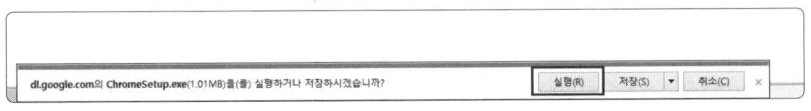

그림 1-3 구글 크롬 브라우저 실행 및 저장

다음과 같이 설치 중 화면이 표시된다.

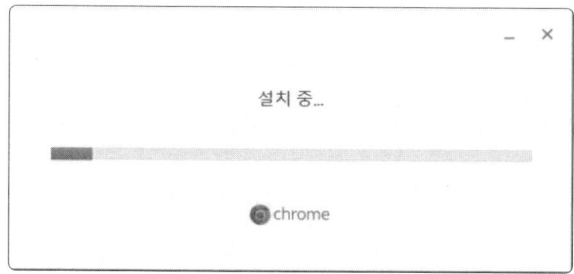

그림 1-4 구글 크롬 브라우저 설치 중 화면

설치가 완료되면 크롬 브라우저가 실행되고 그림 1-5와 같이 우측 상단에 [로그인] 버튼이 표시된다.

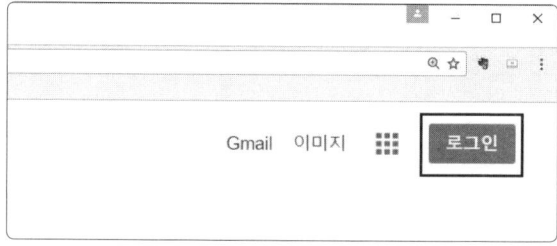

그림 1-5 구글 크롬 브라우저 로그인 버튼

www.google.co.kr에 접속해서 지메일로 로그인을 하면 구글에서 제공하는 모든 서비스에 자동으로 로그인되어 바로 사용할 수 있다. 한번 로그인해서 계정 정보를 저장해두면 서비스를 이용할 때 아주 편리하다.

그림 1-6 구글 크롬 브라우저 지메일 로그인

구글 페이지(www.google.co.kr)에 들어간 후 오른쪽 상단의 바둑판 모양 아이콘을 클릭하면 구글에서 제공하는 서비스, 즉 앱을 한눈에 볼 수 있다 (그림 1-7 참고). 이 책에서는 글쓰기에 활용할 수 있는 앱을 주로 다루겠다.

그림 1-7 구글 앱 살펴보기

이상으로, 계정도 생성했고 크롬 브라우저도 설치했으면 이제부터 본격적으로 책쓰기를 위한 여행으로 들어가겠다.

1.2 구글을 이용한 정보 수집

인터넷 정보를 수집하는 데 제일 좋은 서비스는 '구글'이다. 구글에서 검색되지 않는 정보는 인터넷 어느 곳에도 없다고 장담할 수 있을 정도다. 주제를 선택하고 제목을 정하면 단어 중심으로 검색하고 모아서 정리해야 한다. 구글 검색의 좋은 점은 신뢰 받는 사이트와 사람들이 많이 검색한 정보부터 검색된다는 것이다. 그만큼 객관적인 자료의 표본이 된다. 그렇다고 책을 쓸 때 모든 자료를 다 보기에는 시간이 부족하다. 중요한 검색 기능을 이용하여 자료를 효율적으로 모아야 한다. 크롬 브라우저를 실행하면 기본적으로 구글 검색 페이지가 나온다. 검색할 단어를 검색 박스에 입력하면 실시간으로 검색되어 결과가 출력된다.

그림 1-8 구글 검색 페이지

이 책에서는 '명언'이라는 단어를 검색했다. 그림 1-9에서 검색 입력 박스 아래를 보면 [도구]를 포함해서 설정할 것이 많다. 이것들을 잘 활용하면 원하는 정보를 빠르고 더 정확하게 수집할 수 있다.

그림 1-9 검색 관련 추가 기능

최신 정보 검색 - 기간 설정

검색한 내용에서 최신 정보만 골라서 보고 싶다면 기간 설정을 한다. 그림 1-10과 같이 [도구] 버튼을 클릭하고 [모든 날짜] 옵션에서 '지난 1주'를 선택한 뒤 단어를 검색하면 1주일 내 최신 정보를 얻을 수 있다. 구글은 사용자들이 많이 사용하고 신뢰된 사이트 순서대로 보여주기 때문에 상위에 노출된 내용 중심으로 참고하면 된다. 필자는 2~3일 단위로 검색을 하여 나온 결과를 모두 보고 정리하려고 노력한다.

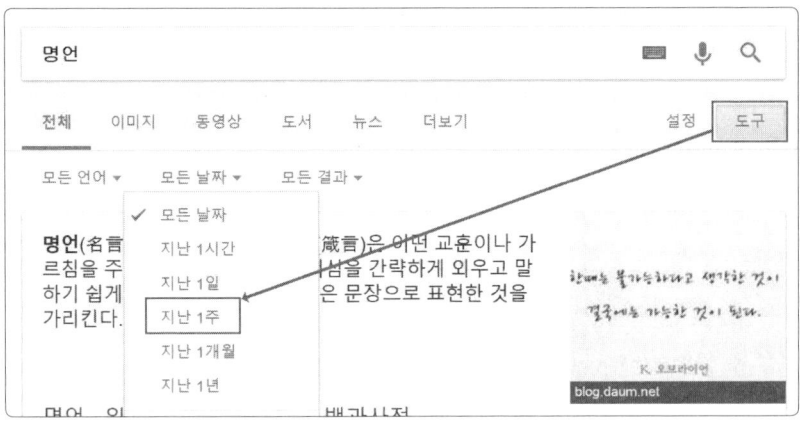

그림 1-10 최신 정보 검색

이미지와 동영상 등 미디어 활용

이미지와 동영상은 지식을 전달하는 데 더욱 효과적이다. 구글에서는 검색한 단어와 연결해서 이미지와 동영상을 별도로 분류해서 보여준다. 책에 동영상을 사용하고 싶으면 동영상 링크를 적어주면 된다. 하지만 이미지에는 저작권이 있기 때문에 책에 함부로 사용하면 안된다. 그림 1-11과 같이 [도구]를 클릭하고 [사용 권한]에서 라이선스 사용 여부를 확인한다.

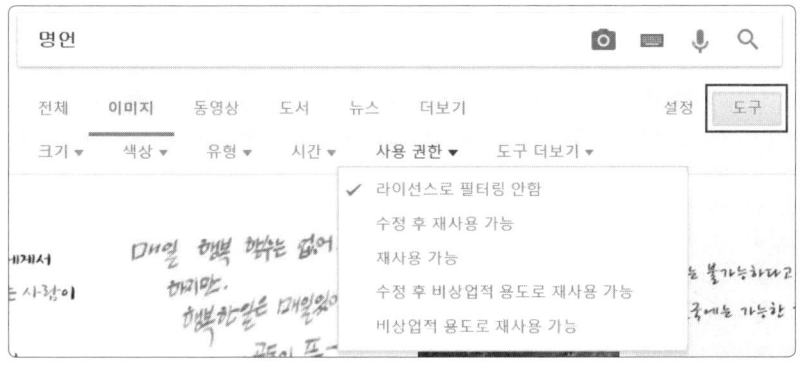

그림 1-11 도구 〉 사용 권한 사용 예

구글 이외에 다른 곳에서 무료 이미지를 사용하고 싶다면 아래 사이트를 참고하길 바란다.

- Pixabay: www.pixabay.com/
- Picjumbo: www.picjumbo.com/
- Pexels: www.pexels.com/
- Splitshire: www.splitshire.com/
- Openclipart: www.openclipart.org/
- Publicdomainvectors: www.publicdomainvectors.org/ko/

파일 확장자 필터링

구글 검색 옵션이 다양하다. IT 보안에서는 '구글 해킹(Google Hacking)'이라는 정보 수집 기법이 있을 정도로 구글 활용은 무궁무진하다. 작가가 이 많은 옵션을 모두 사용할 필요는 없지만 정리가 잘 된 문서를 검색할 때는 유용하다. 정리가 잘 된 문서라고 하면 상세 보고서 형태의 PDF나 발표 자료 형태의 PPT다. 검색 단어 뒤에 filetype이라는 옵션을 추가하면 관련 파일을 빠르게 검색할 수 있다. 검색어 뒤에 filetype:pdf를 붙이면 확장자가 PDF인 문서를 검색한다. filetype:ppt, filetype:doc 등 원하는 파일 종류를 지정해서 찾아보자.

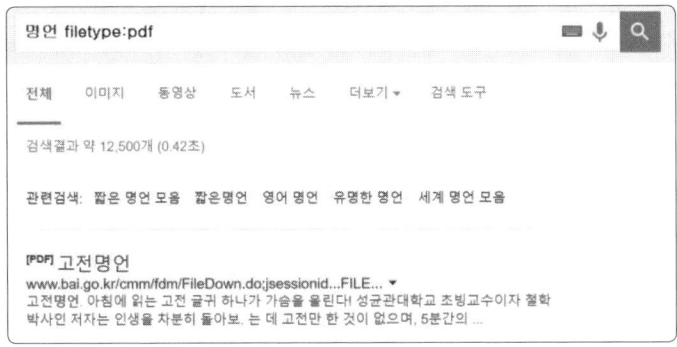

그림 1-12 구글 검색에 확장자 활용

구글 알리미 활용

구글 알리미(https://www.google.co.kr/alerts#)를 이용하면 구글 검색 결과를 정기적으로 받아볼 수 있다. 알리미 서비스는 받아보고 싶은 단어를 등록해서 지메일(gmail)로 수신받는 것이다. 집필하고 있는 콘셉트와 맞는 단어들을 몇 개 등록해서 매일 확인하고 좋은 글들은 사례로 활용할 수 있다. 특히, 강의 요청이 오면 최신 사례를 수집해야 하는 경우가 많다. 위에서 소개한 구글 검색 기간을 1주일 이내로 하여 보는 것도 좋지만, 구글 알리미로 등록을 해두면 메일에 쌓이기 때문에 강의 자료를 만드는 데 큰 도움이 된다. '글쓰기' 단어를 검색해보았다. 현재 검색되는 글들이 아래에 표시된다. 검색된 결과들이 마음에 든다면 단어를 등록하자.

그림 1-13 구글 알리미 활용

알람 받기를 하면 기본 설정으로 [수신 빈도]는 '하루에 한번 이하'이고 [개수]는 '가장 우수한 검색 결과만'으로 되어 있다. 모든 글을 받으면 불필요한 정보까지 받을 수 있기 때문에 우수한 검색 결과만 받길 추천한다. 이렇게 설정하면 몇 분 뒤에 설정한 알림이 글과 함께 도착한다. 알림 수신을 매일 보면서 관련 정보들을 수집해보자. 구글 알리미에서도 위에서 설명한 구글 필터링 옵션을 사용할 수 있다. 더 정확한 정보만 받고 싶다면 구글 검색 옵션을 함께 활용하자.

그림 1-14 구글 알리미 옵션과 메일 확인

이제까지 정보의 바다인 구글을 이용하여 자료를 수집하는 방법을 배웠다. 검색된 관련 동영상 및 이미지, 뉴스 등을 별도로 구분하여 확인할 수도 있으므로 구글을 다양하게 활용해서 책에 사용할 정보를 수집해보자.

1.3 소셜 네트워크를 이용한 정보 수집

세계적으로 제일 많이 사용되고 있는 소셜 네트워크는 페이스북과 트위터이다. 이것들을 활용하면 친구로 맺거나 팔로잉(follwing, 정보를 받고 싶은 사람)한 사람들의 추천 게시물을 볼 수 있다. 두 서비스에 장단점이 있으므로 정보 수집 목적에 따라 달리 사용하면 된다.

필자는 트위터를 해외 정보 수집용으로 사용한다. 필자가 속한 전문 분야의 해외 전문가들을 팔로잉하고 밤새 발생한 해외 이슈를 수집한다. 영어 공부도 되고 남들보다 빠르고 가치 있는 정보를 수집해서 글 쓸 때나 강의할 때 사용할 수 있다. 대부분 사람은 외국 정보를 꾸준히 수집하지 않는다. 그러므로 해외 전문가로부터 수집한 정보를 자신의 글로 표현하면 그 자체로도 남들보다 앞서 나갈 수 있다.

페이스북은 지인들과의 소통 목적이 강하다. 공유된 정보가 좀 더 믿을 만하고 여러 지인과 토론도 가능하다. 하지만, 개인 일상 중심으로 올라오기 때문에 정보를 수집하고 관리하기 위해서는 별도 공간인 그룹을 만들어야 한다.

페이스북의 저장 기능

페이스북에서도 친구들의 피드를 저장해 놓을 수 있다. 필자도 페이스북에 머무는 시간이 많아 친구들의 게시물에서 책에 사용할 수 있는 사례가 나오면 아래 그림과 같이 저장해둔다.

저장한 게시물은 페이스북 왼쪽 화면 '저장됨' 메뉴에서 확인할 수 있다. 저장을 해두면 나름대로 좋은 데이터베이스가 되기 때문에 좋은 글이 있다면 잊어버리기 전에 저장하는 습관을 들이기 바란다.

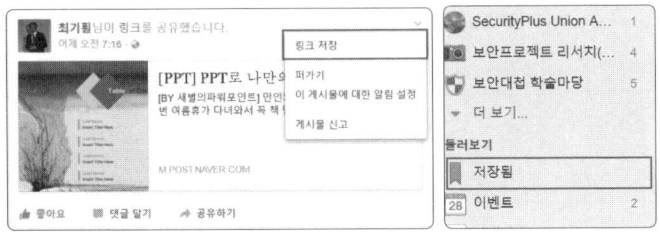

그림 1-15 페이스북 게시물 저장

페이스북과 리디북스의 조합

대중교통을 이용할 때는 종이책보다 모바일로 보는 것이 더 효율적일 때가 많다. 북적거리는 좁은 공간에서도 한 손으로 책을 볼 수 있기 때문이다. 그리고 중요한 문장이 나오면 종이책의 경우 색연필로 표시해야 하는데 자리에 앉아 있지 않으면 힘든 작업이다.

필자의 경우 전자책 서비스 중 대표적인 리디북스를 많이 이용하는데 중요한 부분을 디지털 형광펜으로 표시해서 SNS에 공유하거나 나중에 바로 꺼내 볼 수 있게 관리할 수 있기 때문이다.

기억해두고 싶은 문장을 페이스북에 공유하면 그림 1-16과 같이 사진첩(리디북스 Photos)으로 저장된다. 필요할 때 한번에 다운로드 받아 글을 쓸 때 사례로 활용할 수 있다. 매일 출근 시간에 좋은 글을 페이스북 친구에게 공유하는 즐거움도 있다. 아쉽게도 이 기능은 안드로이드 기기에서만 가능하다.

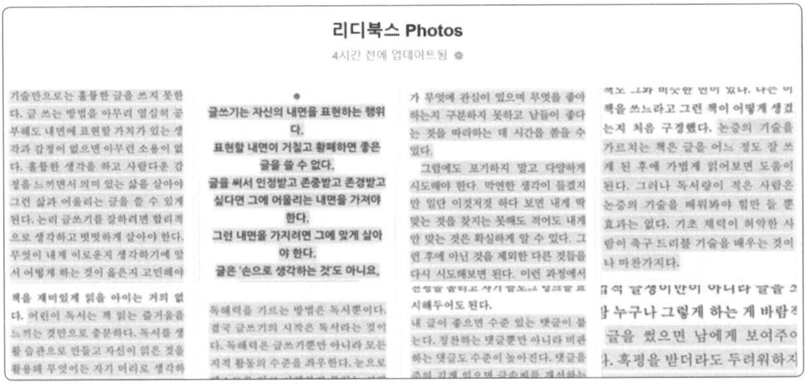

그림 1-16 페이스북 사진첩에 자동으로 저장

이렇게 모아진 것은 모두 글쓰기 소재가 된다. 소재를 만났다면 한 문단씩 글을 완성해봐야 한다. 아래는 전자책을 읽고 페이스북에 공유했던 문장을 필사하고, 한 문장씩 곱씹으며 필자의 언어로 표현한 사례이다. 이렇게 하면 작가와 깊게 대화할 수 있는 기회가 생기고 자연스럽게 글쓰기가 되어 원고를 작성할 때 큰 도움이 된다.

여러 권의 책에서 지식을 얻자

공부를 시작한 후배들을 보면 책은 멀리하고 문제를 해결하려 한다. 특정 내용을 이미 많은 책에서 잘 다루었음에도 "나는 독학으로 할 거야"라는 이상한 말을 한다. 독학은 "스스로 배운다"라는 뜻이지 이전 정보를 무시하라는 것은 아니다. 책 값 몇만 원을 아끼고 시간 몇 개월을 버리는 것은 인생을 몇 년 버리는 것과 같지 않을까? 독학의 목적은 기존 선배들의 지식을 빨리 배우고 그 이상의 성과를 내는 것이다.

책 한두 권을 읽었다고 해서 다른 사람보다 앞서가는 지식을 바라는 것은 욕심이 아닐까? 한 권의 책에서 특정 전문 분야를 모두 다룰 수는 없다. 몇 시간 고민을 한 내용이 아니라 몇 년 동안 그 책을 볼 독자를 위한 노력이 포함되어 있다. 몇 년 동안 축적된 지식을 단 몇만 원으로 독자들에게 제공하는 것은 정말 감사한 일이다.

책을 통해 실행하고 가치를 만들어내자

책을 통해 무엇을 얻을 수 있을까? 내가 실행하고자 하는 방향이 제시되어 있다. 이전부터 생각했던 일을 책에서 찾아보면 이미 비슷하게 했던 사례들이 무수히 많다. 성공했던 사례도 있지만 실패했던 사례들도 엄청나다. 중요한 것은 읽고 난 뒤에 "이제 나도 해보자"라는 결심과 실행력이다. 그때부터 진짜 가치가 만들어진다. 책을 읽고 아무 변화를 주지 않는다면 책을 읽을 이유는 없다. 자신이 고집한 그 삶을 그대로 가면 된다. 대신 후회하지 말자.

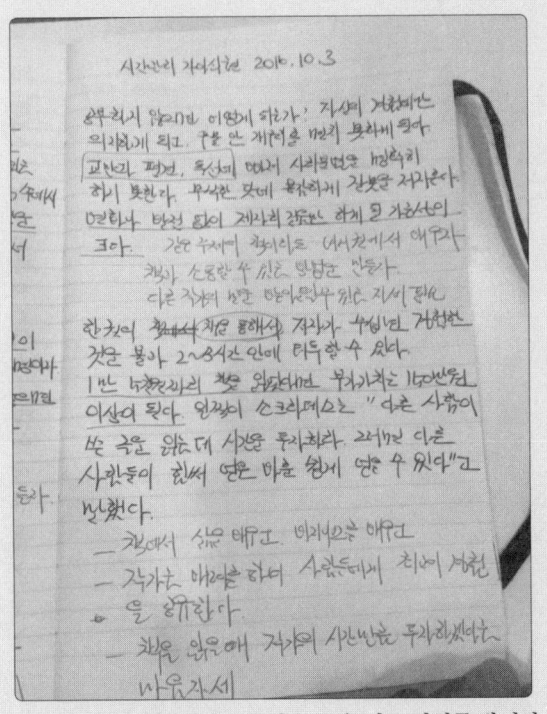

그림 1-17 책에서 기억하고 싶은 글을 적고 가치를 발견하기

트위터 서비스의 검색 활용 및 장점

트위터의 첫 번째 장점은 검색 기능과 순차적 배열이다. 최신 정보가 차례대로 올라오고 원하는 단어를 검색하면 시간대 별로 정렬해서 보여준다. 아래 그림을 보면 14분 전 글, 17분 전 글, 18분 전 글이 차례대로 되어 있다. 트윗을 공유한 팔로워도 최대한 최신 정보들을 링크하기 때문에 책을 쓸 때 언제 만들어진 정보인지 생각하는 시간을 줄일 수 있다. 모니터링하고 싶은 단어를 저장해두고 확인해보면 긴급하게 올라오는 정보들을 한눈에 볼 수 있다.

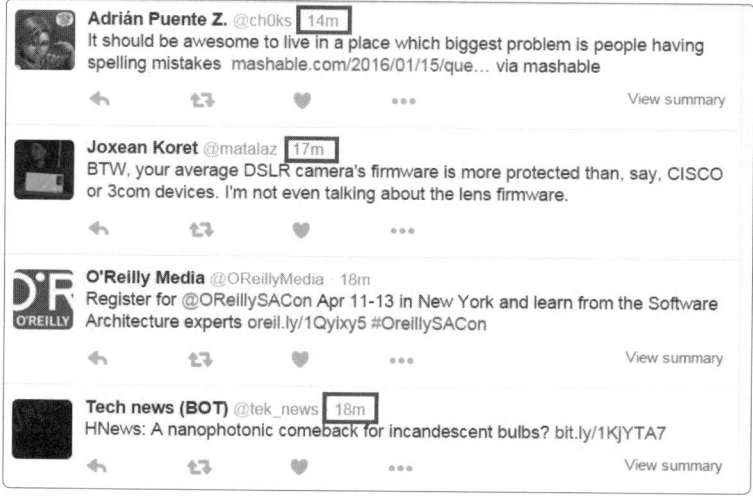

그림 1-18 트위터에 올라온 정보 확인하기

트위터의 두 번째 장점은 자신이 집필하고 있는 콘셉에 맞는 단어를 몇 개 가지고 있다면 고급 정보를 쉽게 얻을 수 있다는 점이다. 일반 글쓰기에 필요한 단어는 '글쓰기', '명언', '인용', '독서' 등일 것이다. 필자는 업무에 필요한 단어들을 저장했다가 수시로 확인한다. (기술적으로 접근하면, 이 단어들에 관련된 콘텐츠를 빅데이터화하고 리서치 데이테베이스를 별도로 구축하면 글쓰기에 요긴하게 활용할 수 있다.)

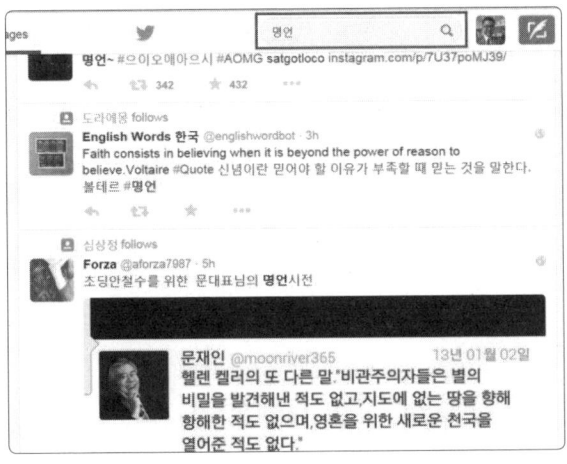

그림 1-19 트위터에서 단어 검색하기

트위터 기능 중에 마지막으로 추천하고 싶은 것은 '하이라이트' 기능이다. 2015년 9월말 쯤에 트위터에 '하이라이트 기능'이 추가되었다. 하이라이트 기능은 평소에 관심을 보인 글, 리트위트한 글 등을 이용하여 각 사용자가 관심 가질만한 주제들을 모아 푸시 알림으로 알려준다. 푸시된 트윗들에는 고급 정보가 넘쳐난다.

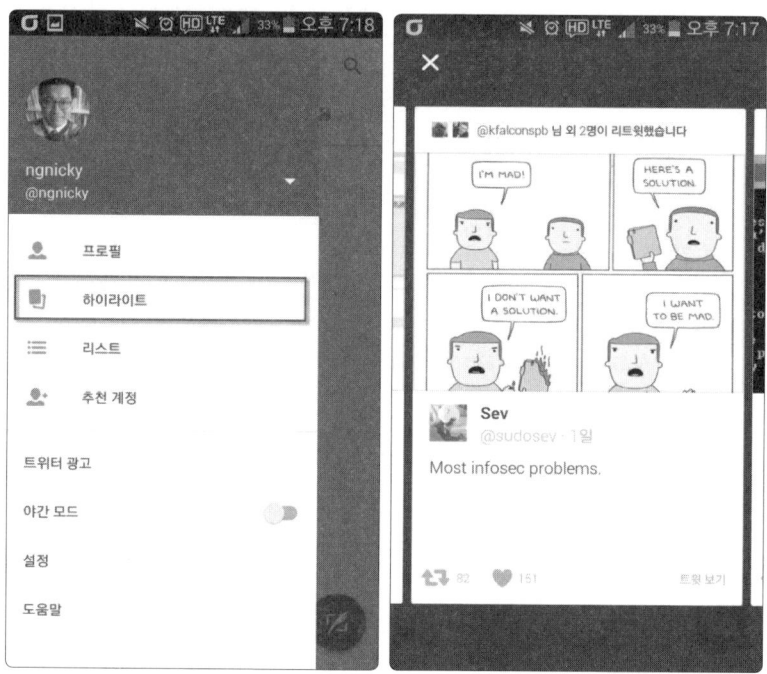

그림 1-20 트위터 하이라이트 기능

그 외에 대부분 소셜 네트워크 및 블로그에는 태그(#) 기능이 있다. 태그는 단어를 이용해 글 그룹, 검색 기능 역할을 한다. 주로 많이 사용하는 단어를 몇 개 선별하고, 수집된 정보에 태그를 걸어두면 특정 주제의 글을 바로 확인할 수 있어 편리하다. 부가적으로 설명하면, 태그는 마케팅에서 많이 활용되고 있다. 이슈가 되는 단어를 태그로 정해서 자신이 홍보하고 싶은 것을 많은 사람에게 노출할 수 있다. 이전에 블로그 검색에서 실시간 검색어 순위에 노출시켜서 파워 블로거가 되었듯이 최근에는 인스타그램, 페이스북, 트위터에서 태그를 활용한 마케팅이 유행하고 있다.

많은 사람이 소셜 네트워크 서비스를 이용하는 데 시간을 보내고 있다. 최근에 광고와 마케팅에서도 소셜 네트워크가 크게 성장하고 있다. 그만큼 풍부한 자료들이 공유되고 있다. 매일 흘러가는 자료 중에서 자신의 책에 쓰일 자료는 확실하게 잡아두고 틈나는 대로 기록해야 한다. 그만큼 서비스에서 제공하는 기능을 충분히 활용할 필요가 있다.

소셜 네트워크 서비스 '좋아요'를 통해 필요한 콘텐츠 선별

대부분 소셜 네트워크 서비스에는 '좋아요(like)' 기능이 포함되어 있다. '좋아요' 기능은 공감되는 글이나 도움이 되는 정보에 반응하는 방식이다. 혹은, 나중에 읽고 싶은 콘텐츠에 표시하는 방식이다. 콘텐츠 생산자는 자신의 글에 많은 사람들이 좋다는 반응을 보이면 뿌듯하고 더 많은 콘텐츠를 생산하는 데 힘이 된다.

작가는 이 반응을 잘 관찰해야 한다. 자신도 다른 곳에서 수집한 정보를 공유할 때 그 정보가 다른 사람에게 도움이 될 것이라 생각했을 것이다. 작가도 원고에 쓸 자료에 도움이 될 것으로 생각했기 때문에 정보를 수집했을 것이다. 그렇다면 사람들이 크게 반응을 보이는 콘텐츠는 책에 '꼭 쓸만한 내용이다'라고 볼 수 있다.

필자는 페이스북과 브런치에서 공유 개수를 보고 콘텐츠를 별도로 정리한다. 공유 개수가 많으면 원고 꼭지로 활용하기도 한다. 공유한 시간마다 반응이 다르므로 여러 번 공유를 해봐야 알 수 있다. 작가는 자신의 책에 들어갈 정보에 집중해야 한다. 좋은 정보를 모아 자신의 경험과 철학을 담는데 집중해야 한다는 측면에서 '좋아요'와 공유 정도에 따라 콘텐츠를 선별하기 바란다.

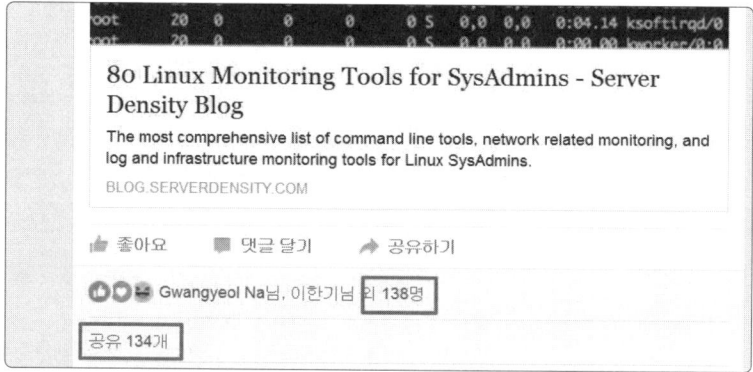

그림 1-21 좋아요, 공유하기 확인하기

1.4 질문지를 이용한 소재거리 수집

책의 목차를 정하고 글을 쓰면서도 "독자들은 어떤 내용을 궁금해할까?" 하는 의문이 생긴다. 이때 잠재적인 독자의 질문을 받으면 보다 쉽게 파악할 수 있다. 그렇다면, 질문을 어떻게 하면 효율적으로 받을 수 있을까? 논문을 쓸 때 많은 사람이 설문조사를 한다. 그때와 비슷한 방법을 사용한다. 질문지 양식을 제공하고 독자에게 항목에 대한 답변을 받는다. 참여를 독려하기 위해 작은 선물을 준비하기도 한다. 참여자 수가 많으면 그만큼 독자들이 궁금해하는 소재거리가 많이 모인다. 독자들이 원하는 질문을 받으면 그 자체가 목차가 될 수 있고 글을 채워나가기도 수월하다. 또한, 교육을 진행하고 참여자들의 질문이나 피드백을 받을 때도 질문지를 활용하면 좋다.

이 책에서는 구글에서 제공하는 구글 스프레드시트를 활용하겠다. 구글 스프레드시트는 업무 처리 시 많이 사용하는 MS 엑셀과 동일하다. 질문지 받는 대표적인 서비스로 서베이 몽키와 네이버도 있지만, 이 책에서는 구글 클라우드 서비스로 강의 콘텐츠를 공유하는 방법을 설명하므로 구글 스프레드시트를 활용한다.

구글 드라이브 사이트(https://drive.google.com/drive/)에 접속한 뒤 그림 1-22와 같이 [새로 만들기] 버튼을 클릭한다. Google 문서(워드 파일), Google 스프레드시트(엑셀 파일), Google 프레젠테이션(PPT 파일) 중에서 [Google 스프레드시트]를 클릭하면 클라우드 서비스에 새로운 문서가 생성된다.

그림 1-22 구글 드라이브 스프레드시트 만들기

엑셀과 비슷한 기능을 제공하므로 기능을 따로 설명하지 않는다. [도구] > [설문지 만들기]를 클릭한다. 설문지를 만들면 생성한 스프레드시트 파일과 연결되어 후에 독자들이 답변했을 때 데이터가 스프레드시트 파일에 기록된다.

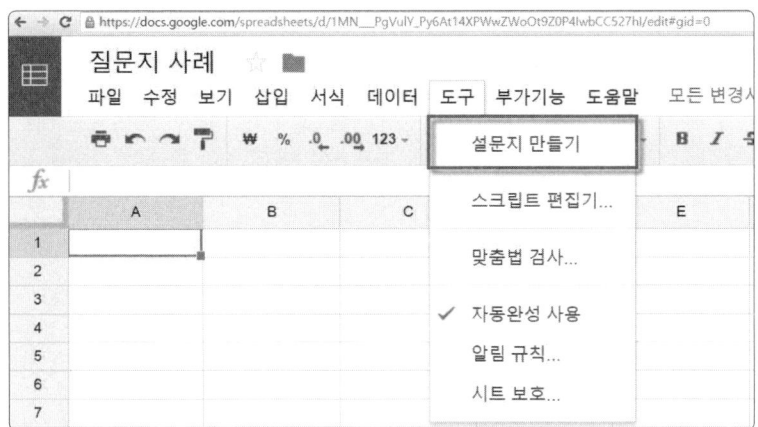

그림 1-23 구글 드라이브 설문지 만들기

그림 1-24를 참고해서 질문지 제목과 설명을 작성한다. 필자는 질문지를 정성스럽게 써 준 참여자와 질문 사항이 책에 반영된 참여자에게는 책을 보내준다. 어떤 작가들은 카카오톡으로 커피나 음료를 선물로 제공한다. 이벤트로 진행하여 참여율을 높일 수 있는 방법을 항상 고민해야 한다.

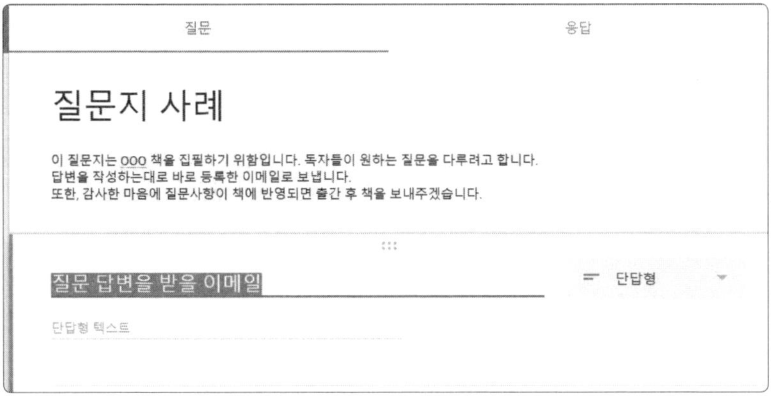

그림 1-24 구글 드라이브 설문지 만들기

질문지를 추가할 때 옵션들이 있다. 단답형과 장문형처럼 서술 형태로 작성하는 형태가 있고 객관식 질문과 체크박스, 드롭다운처럼 선택형이 있다. 강의 피드백을 받을 때는 선택형으로 만드는 게 좋다. 만약, 추진하고 있는 것이 많다면 드롭다운 형태로 만든 다음에 그 아래에 질문을 하도록 하면 된다.

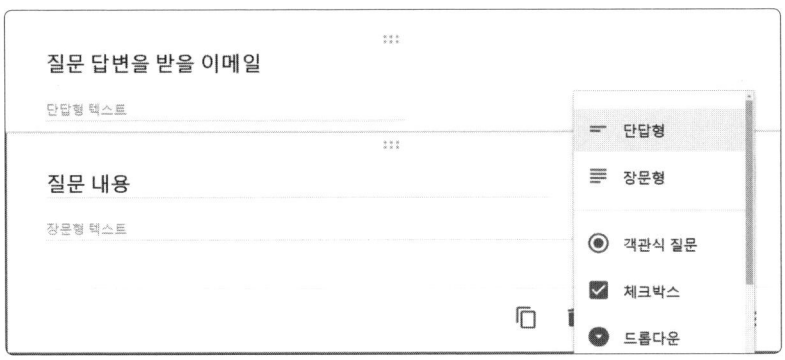

그림 1-25 구글 드라이브 설문지 옵션

그림 1-26은 옵션을 이용하여 작성한 사례이다. 디자인에 신경을 더 쓰고 싶다면 일러스트를 삽입하거나 전문 디자인 그림을 삽입해도 된다. 중요한 것은 선택 사항을 많이 넣어서 질문지를 너무 복잡하게 만들면 안된다는 점이다. 또한, 개인 정보를 수집할 때 개인정보보호법에 어긋날 수 있기 때문에 개인 정보 수집의 목적과 활용 계획을 명시해야 한다.

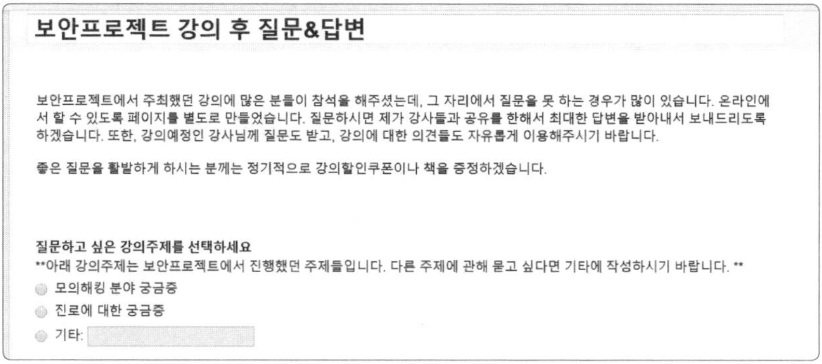

보안프로젝트 강의 후 질문&답변

보안프로젝트에서 주최했던 강의에 많은 분들이 참석을 해주셨는데, 그 자리에서 질문을 못 하는 경우가 많이 있습니다. 온라인에서 할 수 있도록 페이지를 별도로 만들었습니다. 질문하시면 제가 강사들과 공유를 통해서 최대한 답변을 받아서 보내드리도록 하겠습니다. 또한, 강의예정인 강사님께 질문도 받고, 강의에 대한 의견들도 자유롭게 이용해주시기 바랍니다.

좋은 질문을 활발하게 하시는 분께는 정기적으로 강의할인쿠폰이나 책을 증정하겠습니다.

질문하고 싶은 강의주제를 선택하세요
**아래 강의주제는 보안프로젝트에서 진행했던 주제들입니다. 다른 주제에 관해 묻고 싶다면 기타에 작성하시기 바랍니다. **
- 모의해킹 분야 궁금증
- 진로에 대한 궁금증
- 기타:

그림 1-26 구글 드라이브 설문지 만든 사례

질문지 양식을 모두 만들었다면 독자들에게 공유한다. 화면 상단의 [미리보기]와 [보내기] 버튼만 설명하겠다. 미리보기는 작성한 양식이 작성자에게 어떻게 보이는지 미리 확인할 수 있다.

그림 1-27 설문지 미리보기 및 보내기

[보내기] 버튼을 클릭하면 그림 1-28과 같이 설문지 보내기 옵션을 볼 수 있다. 이메일을 등록해서 특정 사용자에게만 공유하는 방법이 있고 링크를 알고 있는 사용자를 모두 등록할 수 있다. 많은 사람에게 공유하고 질문을 받아야 하기 때문에 링크를 클릭하고 카페와 블로그에 주소를 공유한다.

그림 1-28 설문지 공유하기

링크를 확인한 사용자는 그림 1-29와 같은 화면을 볼 수 있다.

그림 1-29 설문지 작성 사례

설문지에 답변이 달리면 그 내용은 등록자가 처음 생성한 구글 스프레드시트에 실시간으로 저장된다. 그림 1-30을 참고한다.

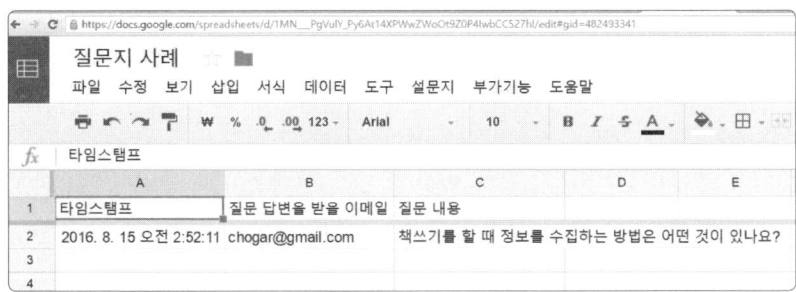

그림 1-30 설문지 답변 사례

설문 기간이 끝나면 그림 1-31과 같이 [설문지 연결 해제]를 한다.

그림 1-31 설문 완료 후 연결 해제

많은 사람들이 구글 드라이브에서 제공하는 설문지를 사용하고 있다. 많은 질문을 받을 수 있으려면 이것 또한 홍보가 필요하다. 홍보 과정을 통해 어떤 책을 준비하고 있는지 지인들에게 자연스레 알릴 수 있고 지인들이 설문지를 홍보할 수 있도록 유도해야 한다.

질문을 받으면 절대 그냥 지나치지 말고 자신이 알고 있는 지식을 모두 반영한 수준의 원고를 바로 작성해야 한다. 그렇게 하면 자연스레 목차도 만들어지고 콘텐츠도 채워진다. 필자가 집필했던 "모의해킹이란 무언인가(위키북스)"도 질문 100여개를 받아 탄생한 책이다. 앞으로 나올 2탄도 이 책에서 소개한 구글 설문지를 이용해 질문을 받았고 곧 출판될 예정이다.

또 다른 방법은 2시간 내외로 강의할 수 있는 콘텐츠가 채워지면 무료 강의를 해보는 것이다. 강의에 참여한 사람은 모두 그 주제에 관심이 있을 것이며, 궁금한 것이 있다면 무엇이든 물어보는 시간을 마련한다. 그리고 거기에서 나온 질문은 모두 상세하게 정리를 한다. 수업 중에 반응이 없거나 강의하면서도 어색했던 내용은 수정 대상으로 올릴 수 있다.

1.5 구글 스프레드시트 자동화로 정보 수집

앞에서 구글 앱들과 트위터를 활용한 정보 수집 방법을 배웠다. 마지막으로, 이러한 정보 수집 과정을 자동화하는 방법을 살펴보겠다. 좀 더 전문적으로 하기 위해서는 프로그래밍을 해야 하지만 프로그래밍은 전문 기술을 요구하기 때문에 이미 만들어진 것을 활용하겠다. 이 기술을 익힌다면 대량의 정보를 수집하고 정리하는 데 큰 도움이 될 것이다.

이 절에서는 트위터의 자료를 자동으로 검색해서 구글 스프레드시트에 수집하는 부가 기능을 활용하겠다. 무료로 한번 사용할 수 있는 방법을 설명할텐데 이후에 계속 사용하고 싶다면 일정한 비용을 지불해야 한다.

구글 지메일로 로그인한 후 구글 앱에서 스프레드시트를 하나 생성한다. 아래에 있는 단축 URL 경로를 이용한다.

https://chrome.google.com/webstore/detail/twitter-archiver/pkanpfekacaojdncfgbjadedbggbbphi (단축 URL: https://goo.gl/rEk4Ok)

아니면 Twitter Archiver - Google Sheets add-on 키워드로 검색한 후 [+ 무료] 버튼을 클릭하여 설치한다.

그림 1-32 구글 스프레드시트 부가 기능 추가

설치가 제대로 진행되면 그림 1-33과 같이 구글 스프레드시트의 [부가기능]에 [Twitter Archiver]가 설치된다. 무료 버전의 경우 한번만 사용할 수 있다. [Authorize Twitter]를 클릭해서 트위터 계정 인증을 받는다.

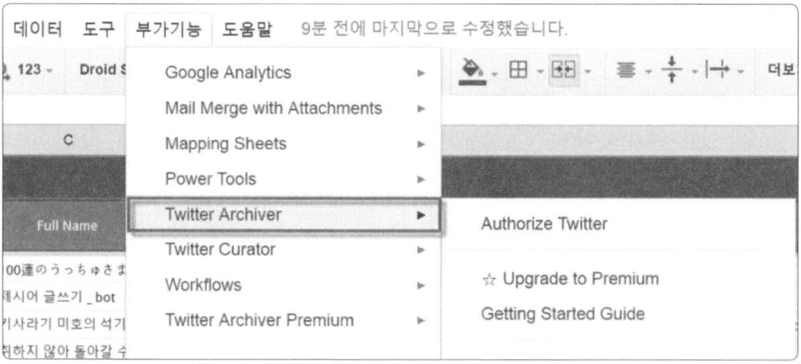

그림 1-33 부가기능 이용 - Twitter Archiver

트위터 인증을 받으면 그림 1-34와 같이 검색할 단어, 태그 단어, 트위터 계정을 입력할 수 있는 옵션이 보인다. 여기서는 '명언'이라는 단어가 포함된 트위터 글을 모두 수집해보겠다. 룰(Rule)을 생성하면 정보가 자동으로 수집된다.

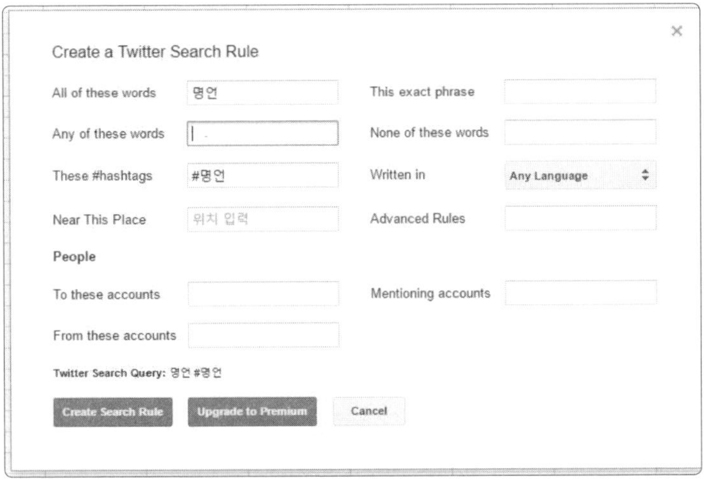

그림 1-34 구글 스프레드시트 부가기능 옵션 입력

그림 1-35에 트위터 글을 자동으로 수집한 결과가 보인다. 중복된 내용을 삭제하고 최신 날짜로 재배열하면 글쓰기에 좋은 사례들을 찾을 수 있다. 여기서는 '명언'이라는 한 단어에 해당하는 사례만 수집했지만 여러 분야의 주제를 검색하고 싶다면 시트 별로 단어를 구분해서 수집하면 된다.

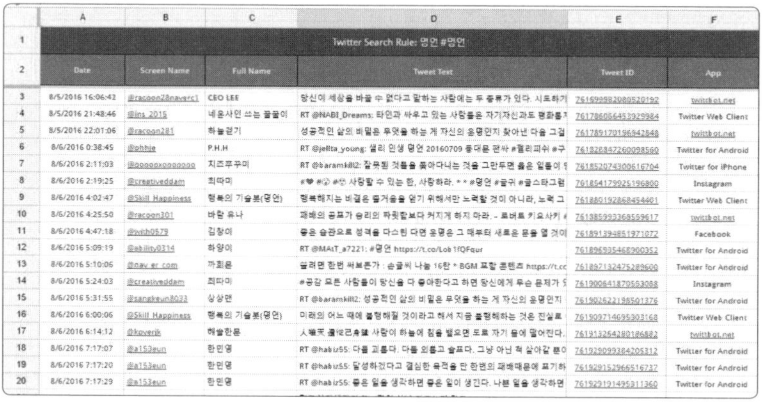

	A	B	C	D	E	F
1	Twitter Search Rule: 명언 #명언					
2	Date	Screen Name	Full Name	Tweet Text	Tweet ID	App
3	8/5/2016 16:06:42	@racoon28naverc1	CEO LEE	당신이 세상을 바꿀 수 없다고 말하는 사람에는 두 종류가 있다. 시도하기	761699982080520192	twittbot.net
4	8/5/2016 21:48:46	@ins_2015	네온사인 쓰는 꿀꿀이	RT @NABI_Dreams: 타인과 싸우고 있는 사람들은 자기자신과도 평화롭지	761786066453929984	Twitter Web Client
5	8/5/2016 22:01:06	@racoon281	하늘걷기	성공적인 삶의 비밀은 무엇을 하는 게 자신의 운명인지 찾아낸 다음 그걸	761789170196942848	twittbot.net
6	8/6/2016 0:38:45	@phhje	P.H.H	RT @jellta_young: 샐리 인생 명언 20160709 롱대륜 편싸 #젤리피쉬 #구	761828847260098560	Twitter for Android
7	8/6/2016 2:11:03	@ooooox0000000	치즈쭈꾸미	RT @baramkill2: 잘못된 것들을 좇아다니는 것을 그만두면 옳은 일들이	761852074300616704	Twitter for iPhone
8	8/6/2016 2:19:25	@creativeddam	최따미	#❤ #😮 #😊 사랑할 수 있는 한, 사랑하라. * * #명언 #글귀 #글스타그램	761854179925196800	Instagram
9	8/6/2016 4:02:47	@Skill_Happiness	행복의 기술북(명언)	행복해지는 비결은 즐거움을 얻기 위해서만 노력할 것이 아니라, 노력 그	761880192868454401	Twitter Web Client
10	8/6/2016 4:25:50	@racoon301	바람 유나	패배의 공포가 승리의 짜릿함보다 커지게 하지 마라. - 로버트 키요사키	761885993368559617	twittbot.net
11	8/6/2016 4:47:18	@with0579	김창이	좋은 습관으로 성격을 다스린 다면 운명은 그 때부터 새로운 문을 열 것이	761891394851971072	Facebook
12	8/6/2016 5:09:19	@ability0314	하양이	RT @MAtT_a7221: #명언 https://t.co/Lob1fQFqur	761896935468900352	Twitter for Android
13	8/6/2016 5:10:06	@nav_er_com	까희은	설려면 한번 써보든가 : 손글씨 나눔 16탄 * BGM 포함 콘텐츠 https://t.cc	761897132475289600	Twitter for Android
14	8/6/2016 5:24:03	@creativeddam	최따미	#공감 모든 사람들이 당신을 다 좋아한다고 하면 당신에게 무슨 문제가	761900641870553088	Instagram
15	8/6/2016 5:31:55	@sangkeun8033	상상맨	RT @baramkill2: 성공적인 삶의 비밀은 무엇을 하는 게 자신의 운명인지	761902622198501376	Twitter for Android
16	8/6/2016 6:00:06	@Skill_Happiness	행복의 기술북(명언)	미래의 어느 때에 불행해질 것이라고 해서 지금 불행해하는 것은 진실로	761909714695303168	Twitter Web Client
17	8/6/2016 6:14:32	@koverjk	해쌀한문	人唾天 還汚己身 사람이 하늘에 침을 뱉으면 도로 자기 몸에 떨어진다.	761913264280186882	twittbot.net
18	8/6/2016 7:17:07	@a153eun	한민영	RT @habiz55: 다들 괴롭다. 다들 외롭고 슬프다. 그냥 아닌 척 살아갈 뿐이	761929099384205312	Twitter for Android
19	8/6/2016 7:17:20	@a153eun	한민영	RT @habiz55: 달성하겠다고 결심한 목적을 단 한번의 패배때문에 포기하	761929152966516737	Twitter for Android
20	8/6/2016 7:17:29	@a153eun	한민영	RT @habiz55: 좋은 일을 생각하면 좋은 일이 생긴다. 나쁜 일을 생각하면	761929191495311360	Twitter for Android

그림 1-35 구글 스프레드시트 부가기능을 이용하여 정보 수집

무료 버전에서는 테스트가 한번 가능하기 때문에 이 기능을 지속적으로 활용하려면 프리미엄 버전으로 업그레이드해야 한다. 프리미엄 버전에서는 원하는 만큼 시트를 생성할 수 있고 15분마다 자동으로 검색해서 정보를 업데이트한다. 매일 신경을 쓰지 않아도 정보가 업데이트되기 때문에 트위터에 올라오는 최신 정보를 빠르고 쉽게 획득할 수 있다.

1.6 디지털 및 아날로그 메모장과 노트에 기록하고 저장하기

이제까지 IT 서비스를 활용하여 정보를 수집하고 메모하는 방법을 설명했다. 하지만, 디지털로 표현하기에는 부족한 것이 있다. 아날로그를 이용하면 생각을 연결할 수 있고 자유롭게 그림을 그려 나갈 수 있기 때문에 작은 메모 노트를 들고 다니길 추천한다. 필자의 경우 집필을 하면서 디지털을 사용하는 횟수만큼 메모장에 직접 기록하는 횟수도 늘어났다. 이동 중이 아니라면 단어가 떠오를 때마다 들고 다니는 메모장에 자유롭게 적는다. 단어를 적다 보면 문장들이 생각나고 이것들을 연결하면 하나의 멋진 장(챕터)이 만들어진다. 이 장들이 하나로 묶여서 한 권의 멋진 결과물로 탄생한다.

필자가 존경하는 위인 다산 정약용 선생은 "부지런히 메모하라. 쉬지 말고 적어라. 기억은 흐려지고 생각은 사라진다. 머리를 믿지 말고 손을 믿어라. 메모는 생각의 실마리다. 메모가 있어야 기억이 복원된다. 습관처럼 적고 본능으로 기록해라"라는 말씀을 남기셨다. 긴 유배 생활동안 엄청난 독서를 하고, 사람들에게 필요한 많은 책을 남겼다. 정약용 선생이 많은 책을 남길 수 있었던 것은 메모 생활이 있었기 때문이다. 미국의 위대한 대통령 링컨도 모자 속에 연필과 종이를 넣고 다니면서 다른 사람들의 이야기를 놓치지 않고 기록하려 했고 생각이 떠오르면 즉시 기록하는 습관도 가졌었다.

업무를 할 때도 항상 앞에 메모장을 하나 두자. 업무 중간중간 갑자기 생각나는 단어가 있다면 메모장에 짧게나마 적어놓자. 아이디어는 언제 떠오를지 모른다. 아이디어는 단어 하나에서 시작하기 때문에 짧게나마 단어만 남겨놓는 것도 좋다. 쉬는 시간에 수북하게 쌓인 단어들을 다시 보자. 한두 달 전에 적어놓았던 단어들을 보면 머릿속에서 잠시 잊었던 일이 떠오르면서 글감이 떠오른다.

"이거 언제 정리하나, 아이디어만 잔뜩 쌓아놓고 공개도 하지 않았구나"라는 생각이 든다. 또 한편으로는 "이것을 모두 책으로 내면 몇 권의 책이 될까? 3권? 4권? 책으로 정리하다 보면 또 새로운 단어들이 나올텐데"라는 걱정과 기쁨이 공존하는 경험을 한다. 이 단어들이 빨리 정리되어 책으로 나오는 상상을 하면 책을 쓰는 데 큰 힘을 얻는다.

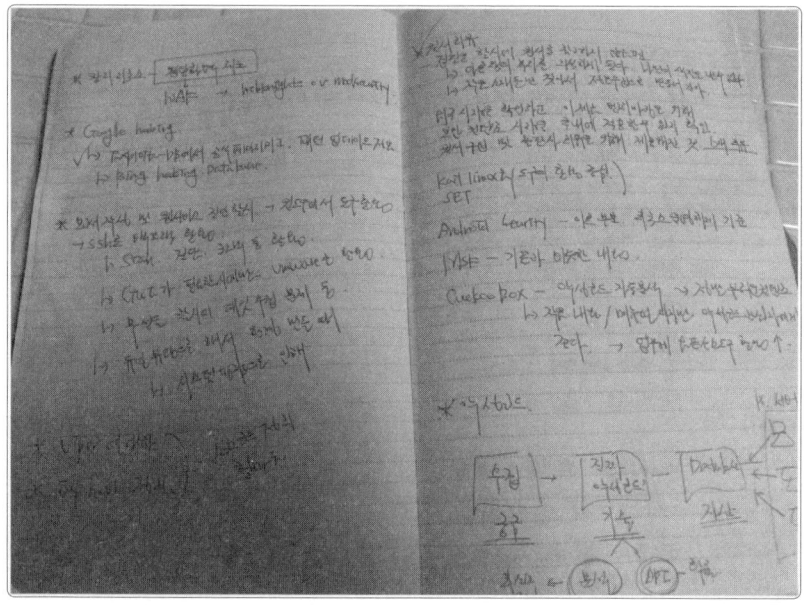

그림 1-36 몰스킨 노트에 아이디어 기록

필자는 '메모'와 관련된 책을 읽고 나서 메모장도 주제에 따라 분류하고 볼펜도 신중하게 선택했다. 전에는 세미나에서 받은 아무 노트나 선택해서 기록했지만, 몰스킨을 찬양(?)하는 책을 읽고 높은 가격임에도 써보기로 했다. 기름 종이 위에 부드럽게 써지는 느낌이 좋았고 내 돈을 주고 산 노트라 더 신경 써서 쓰게 되었다. 그리고 끝까지 채워야겠다는 힘도 생겼다.

책을 읽다 좋은 구문은 필사했고 내 생각을 덧붙였다. 어떤 곳에 있더라도 생각이 나면 바로 적고 이전에 작성한 것과 서로 연결했다. 이렇게 연결하니 더 좋은 콘셉트가 나왔고 새로운 책을 쓸 수 있게 되었다. 실제로 메모장에 작성했던 단어들이 대부분 문장으로 만들어졌고, 많은 책으로 출간할 수 있었다.

볼펜은 수능생들이 제일 선호한다는 '제트스트림'을 대량 구매해서 사용한다. 부드러운 필기감으로 모든 메모장에 어울린다. 메모장과 읽고 있는 책 곳곳에 볼펜을 꽂아둔다. 생각나는 단어가 있을 때마다 기록하기 위해서다. 책상 위에 두면 아이들이 가지고 놀다가 찾기 어려운 곳에 두기 때문에 책 안에 꽂아두면 안전하게 보관할 수 있다.

그림 1-37 메모에 사용하는 볼펜

업무를 할 때도 메모 습관은 매우 중요하다. 업무 도중에 문제가 발생하면 원인을 찾게 되는데, 순간순간 기록하지 않으면 나중에 동일한 문제 발생 시 원인을 찾기 위한 절차를 처음부터 다시 반복해야 한다. 오랜 시간을 낭비하게 된다. 이것이 반복되면 업무를 비효율적으로 처리한다는 핀잔을 듣게 된다. 필자는 컨설턴트로 있을 때 바로바로 저장하는 습관이 생겼다. 프로젝트를 할 때 발생한 증거 자료 화면을 고객에게 보여주어야 하는데, 그 순간이 지나가 버리면 고객 앞에서 재현이 안 되는 상황이 발생하는 경우가 잦았기 때문에 바로바로 저장하는 습관이 생겼다. 지금은 어떤 업무를 하든 화면을 꼭 캡처하고 작성한 텍스트를 임시 공간에 저장한다.

원고를 쓸 때 참고 도서, 인터넷 콘텐츠, URL 정보 등을 기록해야 하는데, 이를 기록해두지 않고 원고를 작성하면, 후에 탈고할 때 출처가 무엇인지 한참 동안 찾아볼 때가 있다. 이 모든 시간은 낭비다. 노트에 아날로그로 저장해두어도 좋고, 에버노트나 원노트 같이 언제든지 접근할 수 있는 클라우드 서비스 노트를 활용해도 좋다. 중요한 점은 '어딘가에 기록을 해야 한다'는 것이다.

특히, 필자가 주로 집필하는 IT 책은 매 순간 실습 그림 저장이 중요하다. 그림 원본은 책을 만들 때 필수다. 실습을 마치고 '아 실습이 된다. 이제 그림을 캡처해야지' 하는 생각으로, 다시 그림을 저장하려면 잘되던 것이 안 되어서 작업 시간이 무한정 길어질 때가 있다. 실습을 다시 반복할 이유가 없다. 집필할 때 체력이 떨어질 뿐이다. 기록하고 저장하는 습관을 들여서 집필 시간을 최소화해야 한다.

두 번째 이야기 · 집필

·

·

·

두 번째 이야기에서는 글쓰기 과정에서 활용할 수 있는 IT 서비스를 소개하고 사용 방법을 설명한다. 글쓰기 환경은 나날이 좋아지고 있다. 메모와 글쓰기의 필요성이 높아지면서 사용자에게 적합한 모바일 프로그램이 나오고 있다. 많은 프로그램 중에서 자신에게 적합한 것을 찾아내고 글쓰기를 할 때마다 활용할 수 있어야 한다.

이 책에서는 어디서든 최근에 작성된 원고를 동기화할 수 있는 드롭박스, 에버노트를 중점적으로 다룬다. 글쓰기는 생각이 떠오를 때 낚아채어 가치를 불어넣는 것이다. 언제 어디서 글이 떠오를지 모른다. 이때 드롭박스와 에버노트를 활용하면 언제 어디서나 글을 쓸 수 있다. 또한, 원고를 최종적으로 정리할 때 사용할 수 있는 MS 워드를 활용하는 방법도 다루었다.

2.1 모바일과 클라우드 환경을 이용해 시간 벌기

집에서 글을 썼든, 카페에서 글을 썼든 어떤 곳에서든 최종 원고가 동기화 되어야 한다. 이동 장치에 문서 파일을 저장해서 들고 다닐 때, 이동 장치를 놓고 오면 심리상 '집에서 작업해야지'라고 미루게 된다. 글을 쓰고 싶을 때는 당장 써야 한다. 조금만 미뤄도 그날 떠오른 문장들이 다시 찾아오지 않는다. 어느 곳에서든 이어서 할 수 있도록 준비를 하고 있어야 한다.

필자는 아이패드 1세대를 사용할 정도로 태블릿을 일찍 접했지만, 모바일은 늦게 사용한 편이다. 책 읽기에 관심이 많아서 무거운 아이패드를 잘 들고 다녔다. 초창기에는 모바일 화면이 작아 이 물건을 어디에 쓸지 확실치 않아 구매를 하지 않았다. 그러다 화면이 큰 삼성 노트2가 나왔을 때 구매했다. 글을 읽기도 좋았고, 모바일 키패드로 글씨를 쓸 때 내 손에 딱 맞았다. 처음에는 전자책을 읽거나 소셜 네트워크로 사람들과 소통할 때 많이 사용했다.

본격적으로 책을 쓸 때도 네이버 N드라이브를 활용해서 문서 동기화만 했다. 해외에서 에버노트와 드롭박스 등에 대한 이야기가 나왔을 때도 국내 서비스만 이용했다. N드라이브와 드롭박스처럼 문서 동기화만 되는 서비스를 이용할 경우 출퇴근 시간에는 글쓰기가 힘들었다. 꼭 노트북이나 데스크톱으로 작업했다. (이때 에버노트를 이용했다면 원고를 더 빠르게 작성했을 것이다.) 그러다 보니 집필 시간은 당연히 오래 걸렸다. 개인 시간 중에서 노트북이 있는 환경이어야 했으니 한 권을 집필하는 데 1년이 넘는 것은 당연했다.

그러다가 에버노트를 만나게 되었다. 공저하는 친구들과 문서로 주고받는 것보단 실시간으로 작성한 초고까지 진행되는 상황을 보기 위해서 알아보다가 지인이 에버노트를 추천한 것이 계기가 되었다. 에버노트에 기억나는 단어를 하나씩 적어나갔다. 종이 노트를 깜빡 놓고 올 때는 항상 에버노트에 적었다. 하루하루 검색한 자료들과 PDF 자료들도 쌓이기 시작했다. 정보들만 계속 쌓이니 '언젠가는 이 많은 정보를 정리해야 속 시원할 거 같은데?'라는 생각이 점점 커졌다. 시간이 모자라니 자연스레 출퇴근 시간을 이용했다. 한 단어에서 나오는 문장들을 작성해두었고 시간이 날 때마다 수정하다 보니 한 꼭지씩 나오기 시작했다.

그리고 컴퓨터 앞에 앉아 원고 형태로 정리했다. 이런 작업들이 계속 반복되었다. 쓰면 쓸수록 쓸 것이 더 많아졌다. 이제까지와는 다르게 사물을 보게 되고 고민을 하니 글감들이 쏟아졌다. 나에게 주어진 시간은 한정적이다. 시간을 효율적으로 사용하며 최대한 작은 일에 신경 쓰지 않아야 했다.

N드라이브도 나름대로 장점이 있었지만, 문서가 많아지니 속도가 저하되었고 잦은 업데이트와 기능상 몇 가지 문제가 발생해서 신경이 쓰였다. 그래서 선택한 게 드롭박스 클라우드 서비스였다. 드롭박스의 동기화 속도는 빨랐다. 동기화가 잘못되어 문제가 발생했던 적도 없다. 이전 문서에 문제가 생기면 시점을 정해 복원도 가능하다. (N드라이브의 활용에 대해서는 'IT엔지니어의 투잡, 책내기(비팬북스)'에 자세히 설명했다.)

필자는 초안을 모두 모바일로 작성할 정도로 클라우드 서비스를 많이 활용한다. 노트북이 옆에 있어도 모바일을 이용하여 초안을 작성한다. 노트북보다 모바일이 더 빠르게 느껴질 정도이다. 모바일 키보드는 손가락 타자에 최적화되어 있다. 최근에 많이 나오는 5.7인치 화면 크기는 손가락 위치에 적합한 기기라 생각한다. 책을 읽기도 부담 없는 크기라 전자책을 읽다 바로 인용문구를 이용해 자신의 글로 만들 수 있다. 모바일은 필자가 빠르게 원고를 작성하고 책을 내는 데 큰 역할을 하고 있다. 또한, 모바일 키보드를 사용하면 더 몰입하는 느낌이 든다. 지인들과 채팅을 할 때도 모바일을 많이 사용하기 때문에 글을 쓸 때도 지인들에게 말을 하듯이 편하게 쓸 수 있다는 느낌도 든다.

이렇게 적응된 것은 이동 중 틈새 시간을 많이 활용하기 때문이다. 직장을 다니면서 작가 활동을 같이 하니 출퇴근 시간에 글쓰기를 많이 하게 되고, 쉬는 시간이나 점심 먹고 남는 시간도 글쓰기에 이용한다. 도착역을 지나치는 경우가 많을 정도로 집중할 때도 있다. 지하철에서 내려도 한동안 역 벤치에 앉아 글을 다 쓰고 목적지로 향하는 경우도 생긴다.

그림 2-1은 필자가 글을 쓸 때 각종 서비스를 사용하는 과정을 서비스 아이콘으로 한눈에 보여준다. 소셜 네트워크 대표 서비스인 트위터와 구글을 이용해서 정보를 수집한 뒤 에버노트에 저장한다. 에버노트에 목차와 꼭지를 생성하고 필요한 단어들로 초안을 만든다. 초안을 쓸 때는 떠오르는 모든 글을 작성한다. 이제 집중할 수 있는 시간을 선택해서 워드 파일에서 원고를 완성한다. 동기화된 드롭박스의 파일을 실시간으로 수정하기 때문에 어떤 공간에서든 최신 원고를 유지해서 책을 만들어갈 수 있다.

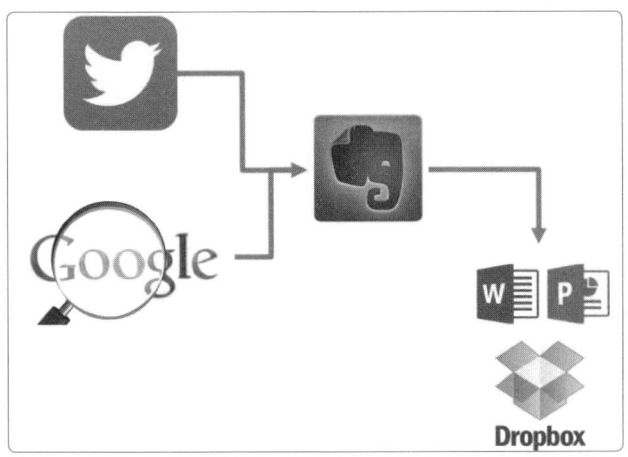

그림 2-1 모바일과 클라우드를 이용한 집필 과정

집필할 시간이 없다고 걱정만 하지 말고, 항상 지니고 다니는 모바일과 이와 연결되어 있는 클라우드 서비스를 자신의 스케줄에 맞춰 집필할 시간을 확보하면 된다. 글은 언제든지 생각날 수 있다. 한 가지 주제에 집중하지 않기 때문에 글이 떠오르지 않는다는 생각이 들뿐이다. 우리는 모두 최고의 글들을 이미 가지고 있다.

새벽 시간을 지배하는 자가 승리한다

성공한 사람들의 책을 보면 '새벽 시간'을 강조하는 것을 많이 볼 수 있다. 먼동이 틀 무렵에 일어나서 누구한테 방해받지 않는 자신만의 시간 속에서 자신과의 대화를 할 수 있다는 것은 작가에게 매우 중요하다.

필자는 새벽 시간을 중요하게 여겨 새벽 시간을 활용하기 시작했다기보다는 취업이라는 부담감에서부터 새벽 시간을 시작했다. 군대를 제대한 기쁨은 잠시였고 바로 취업을 준비해야 했다. 남들보다 늦은 입대로 동기들은 벌써 취업을 거의 다하고 있었다. 방위 산업 인력, 카투사, 소프트웨어 개발병 등을 지원하기 위해 군대 가기 전 2년 동안 휴학하면서 너무 많은 것을 놓친 거 같았다. 빨리 무엇이든 해야 했다. IT 개발자를 할지, 보안 활동을 할지도 결정하지 않은 상태였다. 지방에서는 어떤 정보도 얻을 수 없어 무엇이 더 적합한지도 판단이 서지 않았다.

새벽부터 일어나서 하루종일 영어 공부에 공을 들였지만 바로 취업으로 이어지지는 않았다. 그러나 이때 크게 얻었던 것은 '새벽 시간을 맞이할 수 있는 능력'이었다. 새벽에 공부하니 누구한테 방해받지 않고 집중할 수 있었다. 밤 11시에 자고 새벽 5시에 일어나는 습관은 15년이 넘는 지금까지 이어지고 있다. 지금도 새벽에 일어나면 '오늘은 어떤 책으로 시작할까'라는 생각으로 책부터 고른다. 그렇게 출근하기 전 2시간을 즐긴다. 책을 읽지 않는 날에는 글쓰기를 하거나 소셜네트워크를 보며 밤새 어떤 동향들이 발생했는지 확인한다. 금요일에서 토요일로 넘어갈 때만 빼고 항상 새벽 시간에 일어났다. 금요일 저녁에는 '불타는 금요일'을 즐기기 위해 늦게까지 영화를 보거나 음악을 듣는다.

새벽 시간은 독서와 글쓰기에 집중할 수 있는 최고의 시간이다. 퇴근을 하고 저녁 시간에는 식구들을 위해 사용하고 아이들이 잠든 후에는 부인과 잠시라도 이야기 꽃을 피운다. 그렇게 한두 시간 더 있다보면 금세 하루가 끝난다. 따라서 식구 딸린 작가에게 식구들이 모두 잠든 새벽 시간 확보는 더욱 중요하다. 창밖으로 들어오는 시원한 공기와 산새 울음을 들으면서 온전히 나의 시간을 가질 수 있다. 새벽 시간의 중요함을 깨닫지 못했다면 책을 출간하지 못했을 것이다. 글쓰기가 인생에서 제일 즐거운 것이라는 사실을 알지 못했을 것이다.

'아침형 인간'이라는 단어가 유행할 때가 있었다. 아침에 승리하는 사람이 인생에서 성공한다는 주장이다. 이에 반박해서 '저녁형 인간'이라는 책이 나왔다. 필자는 이 두 권의 책에서 펼치는 주장을 모두 수용한다. 자신 몸에 맞는 패턴을 이용하는 게 좋다. 필자는 100% 아침형 인간이다. 저녁 11시를 넘겨서 자면 다음 날 정신을 못 차리고 오전은 다 날린다. 오전을 알차게 보내지 않으면 하루가 너무 짧다는 생각에 못내 아쉬움만 남는다.

지금 다니고 있는 금융권 특성 상 8시까지 출근을 해야 하므로 출근 시간을 고려해 새벽 5시에 기상 시간을 맞췄다. 이때부터 업무를 시작할 때까지 시간을 쪼개 많은 활동을 한다.

- 새벽에 일어나 오늘 할 일을 적어본다.
- 출근하는 동안 새벽에 올라온 해외 동향을 수집하고 단어들을 기록한다.
- 시간이 남으면 책을 읽으며 작가와 대화하는 시간을 갖는다.
- 업무 시작하기 전에 카페 및 블로그, 페이스북을 번갈아가며 정리했던 글을 공유한다.

- 집필한 책들, 추진한 교육들을 여러 곳에 홍보한다.
- 단기적/중기적으로 쓸 콘텐츠를 분류한다.
- 오늘 업무를 어떻게 하면 효율적으로 할지 우선순위 및 방법을 기록한다.

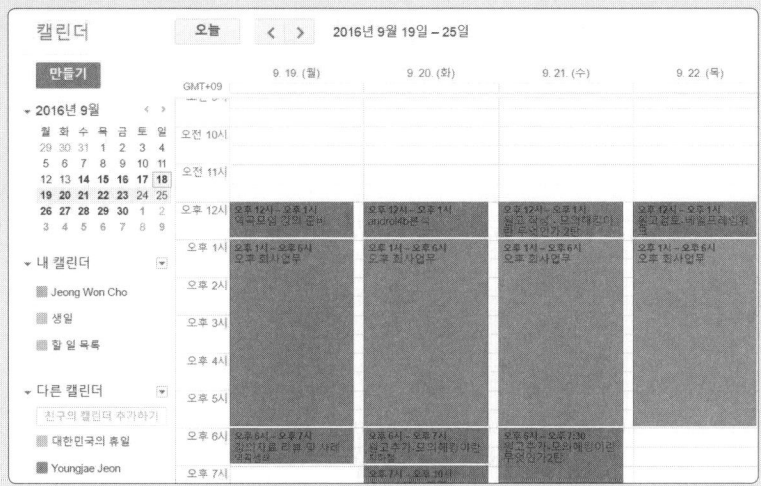

그림 2-2 구글 캘린더를 이용한 일정 관리

이 모든 활동이 아침 8시까지 모두 이루어진다. 그리고 업무를 시작하고 점심 시간이나 퇴근 후에 개인 활동을 다시 시작한다. 새벽부터 시작한 3시간을 하루처럼 이용하는 것이 중요하다. 글쓰기를 하는 사람은 시간을 쪼개 사용할 수 있는 활동을 습관화해야 한다. 특히 직장을 다니면서 책을 쓰고 싶다면 시간을 더욱 쪼개야 한다. 그래야 소중한 콘텐츠들을 놓치지 않고 생각하고 조사된 콘텐츠들을 잡아서 기록할 수 있다.

2.2 에버노트를 이용한 집필

2.2.1 에버노트를 활용하여 글쓰기에 날개를 달자

이 책에서는 에버노트를 활용하여 글쓰기를 한 사례를 많이 소개할 예정이다. 그만큼 에버노트는 틈나는 시간에 글쓰기를 할 수 있는 최고의 도구이다. 필자는 에버노트 찬양을 외칠 정도로 주위에 많이 소개하고 있다. "내 책의 초고는 모두 에버노트에서 탄생했다"고 할 정도로 에버노트로 글을 쓰는 시간은 어마어마하다. 에버노트를 사용하여 책을 쓸 때 대표적으로 좋은 것을 언급하고 본격적으로 활용 방법을 다루겠다.

실시간 동기화 메모 기능

에버노트를 활용하는 이유는 어디서나 글을 쓰고 서버와 실시간으로 동기화할 수 있기 때문이다. 누구에게나 동일한 양의 시간이 주어지기 때문에 틈나는 시간을 어떻게 활용하냐에 따라 책으로 낼 분량을 만들어낼 수 있냐가 결정된다. 직장인에게 있어 틈나는 시간이라면 업무 시간 이외의 모든 시간이다. 글은 언제 툭 튀어나올지 모른다. 생각이 나면 바로 모바일에 설치된 에버노트에 적어야 한다. 에버노트와 비슷한 애플리케이션이 많이 있지만 이 책에서는 에버노트만을 언급하겠다. 메모하는 기능 이외에도 책을 쓰는 데 활용할 수 있는 많은 기능이 있기 때문이다. 기본적으로 노트가 업데이트될 때마다 동기화가 이루어진다. 모바일을 이용하여 노트에 글을 쓰면 바로 동기화된다. 집에 가서 PC 단말에서 에버노트를 실행하여 동기화 업데이트한 후에 다시 이어 원고를 작성할 수 있다. 누구나 쉽게 쓸 수 있는 클라우드 메모장이다.

문서 내 검색 기능

에버노트 프리미엄 사용자는 PPT, PDF 등 많이 사용되는 문서 안에 있는 단어도 검색할 수 있다. 무료 사용자는 이미지 파일 검색이 가능하다. 첫 번째 이야기에서 소개한대로 수집한 정보를 에버노트에 쌓아놓았다가 관련된 단어의 결과를 확인하고 싶을 때 사용할 수 있다. 전자책에서 가져온 인용 문구를 찾을 때, 참고자료의 파일을 검색할 때 유용하다.

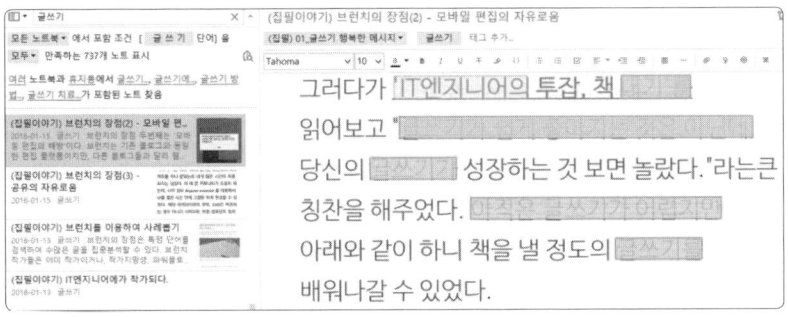

그림 2-3 글쓰기 단어로 검색된 결과

태그 검색 기능 활용

이번에는 에버노트의 중요한 기능 중 하나인 '태그'를 이용한 검색 방법을 설명하겠다. 태그는 작성한 글과 관련 있는 단어를 같이 포함하여 검색을 쉽게 하기 위한 목적으로 만들어졌다. 카페, 블로그, 소셜 네트워크 서비스에도 태그 기능이 있다. 많이 사용하는 단어를 정해서 관련 글에 태그를 달아두면 기록한 글을 나중에 그룹 형태로 볼 수 있다. A라는 주제로 글을 쓴다면 수집한 정보와 썼던 글에 A라는 태그를 달아두면 나중에 원고를 만들 때 순식간에 정리할 수 있다. A라는 주제에 붙인 태그 단어만 기억하고 있으면 된다.

노트마다 태그를 적용할 수 있지만 그림 2-4와 같이 노트에 있는 글 전체를 선택하고 마우스 오른쪽을 클릭한 뒤 [태그 달기]로 전체 글에 동일한 태그를 적용할 수 있다.

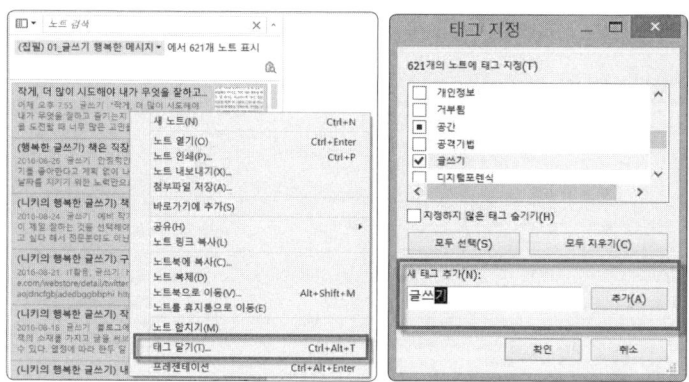

그림 2-4 노트북에 있는 전체 글에 동일한 태그 적용

태그를 적용하면 단어별로 자동으로 그룹화가 된다. 검색하고 싶은 태그 단어를 검색하면 달았던 모든 노트를 한곳에서 확인할 수 있다.

이렇게 정리된 태그 단어를 보고 다시 연관성이 있는 것을 묶으면 보다 관리하기 좋다. 그림 2-5를 보면 "모의해킹이란 무엇인가"와 "워드프레스"라는 단어 태그가 많다. 이 주제는 모두 책으로 출간이 되었다. 자료가 모아지는 재미도 느낄 수 있고, 어떤 단어에 집중을 하고 있는지 살펴볼 수 있다.

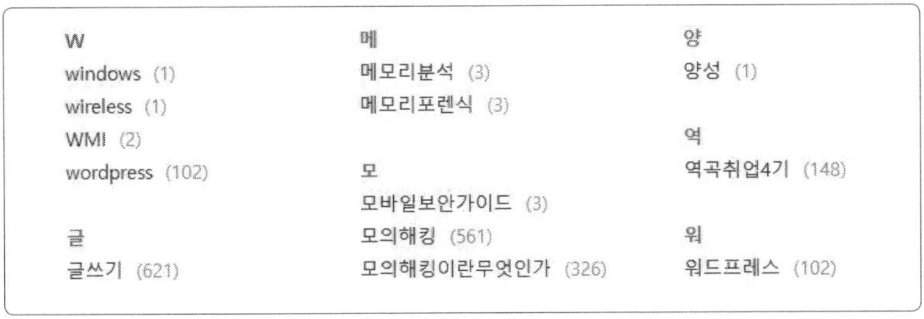

```
W                    ㅁ                      ㅇ
windows  (1)         메모리분석  (3)         양성  (1)
wireless  (1)        메모리포렌식  (3)
WMI  (2)                                     ㅇ
wordpress  (102)     ㅁ                      역곡취업4기  (148)
                     모바일보안가이드  (3)
ㄱ                   모의해킹  (561)         ㅇ
글쓰기  (621)        모의해킹이란무엇인가  (326)  워드프레스  (102)
```

그림 2-5 적용된 태그 검색어 확인

2.2.2 에버노트를 이용하여 목차 만들기

책을 쓴다고 하자. 제일 먼저 무엇을 해야 할까? 주제를 선택하고 콘셉트를 생각한다. 콘셉트는 '한 끗 차이'라고 할 정도로 다른 책과의 차별성과 책의 고유한 방향이다. 그 방향에 따라 목차를 만들어야 한다. 책의 목차만 보고 책을 구입하는 사람이 많기 때문에 목차 구성에 많은 시간을 투자해야 한다. 그렇다면 목차는 어떻게 구성될까? 대중서를 기준으로 설명하겠다. IT 기술책은 목차를 많이 따지는 편은 아니지만, 대중서는 목차의 통일성을 많이 따진다.

꼭지는 장(챕터) 아래 들어가는 목차를 이루는 단위이다. 에세이나 자기계발서는 평균적으로 4장~5장, 총 35꼭지~40꼭지가 책 한 권으로 구성된다. 1장에 8꼭지~10꼭지가 들어간다. 이는 표준처럼 사용되고 있을 정도로 많은 책에서 따르고 있다. 각 꼭지는 A4용지 2장에서 3장이면 충분하다. 그럼 책 한 권의 원고 분량은 A4용지로 120장쯤 나온다. 그림 2-6은 종합 베스트셀러 작가 강원국 작가님이 집필한 〈대통령의 글쓰기〉의 사례이다. 이 책을 선택한 이유는 목차가 통일되어 있는 최고의 사례라고 생각하기 때문이다.

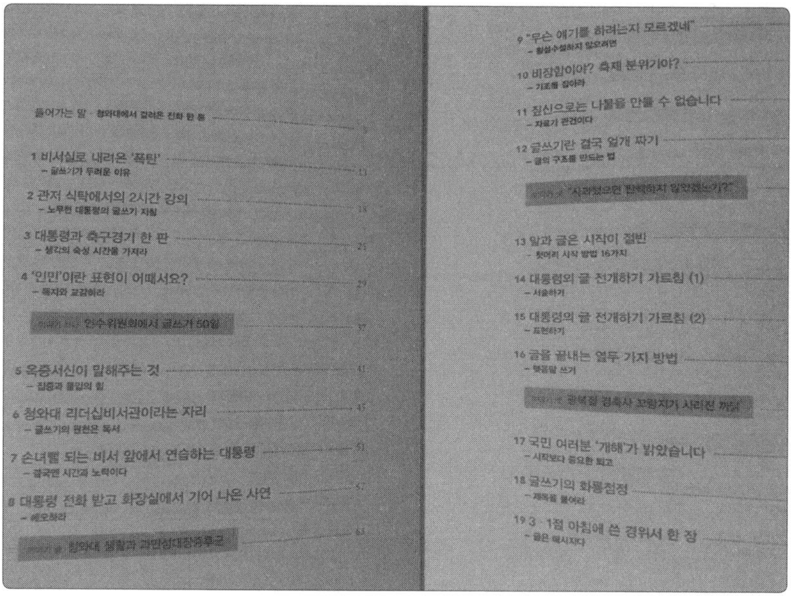

그림 2-6 〈대통령의 글쓰기〉 목차 사례

이를 에버노트에 적용하면 그림 2-7과 같이 만들 수 있다. 에버노트에서 노트북을 묶는 것을 '스택'이라고 하는데 이는 그룹과 동일한 개념이다. 예로 5개의 노트북(제 1장, 제 2장, 제 3장 ...)을 만든 다음에 스택([04 집필])으로 묶어 준다. 그렇다면 스택은 책 제목이 된다. 그리고 각 노트북에 노트를 생성해서 1꼭지~8꼭지를 생성한다. 그렇다면 위에서 설명한대로 총 40개의 꼭지 노트가 생성된다. 이제 각 꼭지 제목을 정하면 훌륭한 목차가 된다.

[04 집필] 책 제목을 정한다.!
제 1장. 1장 제목을 기재 (5)
제 2장. 2장 제목을 기재
제 3장. 3장 제목을 기재
제 4장. 4장 제목을 기재
집필 참고 자료(장 별로 구분해도 좋음)
노트 검색
제 5절. 꼭지 제목은 섹시하게
2016-03-17
제 4절. 꼭지 제목은 섹시하게
2016-03-17
제 3절. 꼭지 제목은 섹시하게
2016-03-17
제 2절. 꼭지 제목은 섹시하게
2016-03-17
제 1절. 꼭지 제목은 섹시하게
2016-03-17

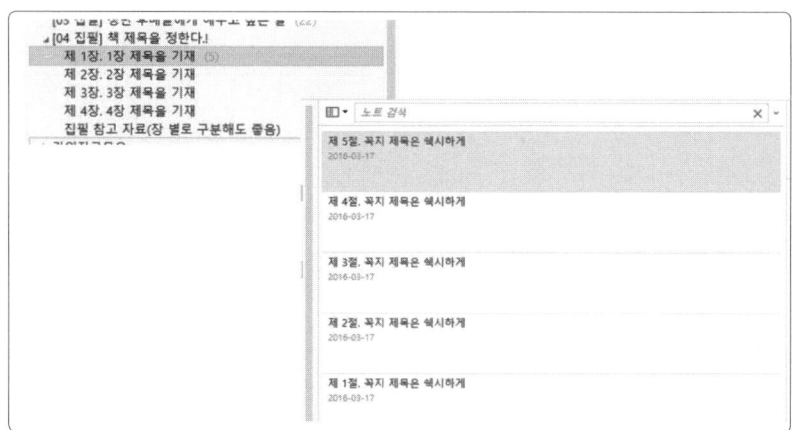

그림 2-7 에버노트를 이용한 목차 만들기

꼭지 제목까지 정했다면 초고를 쓰는 데 오랜 시간이 걸리지 않는다. 이렇게 해보기 바란다. 먼저, 출근하기 전에 생각나는 단어를 이용해 멋진 꼭지 제목 하나를 에버노트에 적어놓자. 집을 나서기 시작해서 꼭지에 생각을 집중한다. 누군가에게 설명하듯 혼잣말로 중얼중얼해본다. 지하철이나 버스를 타면 이제 글로 작성한다. 생각을 멈추지 말고 생각나는 모든 것을 글로 작성한다. 문법, 맞춤법, 문단 위치 등을 생각하지 말자. 분량을 채우는 게 중요하다.

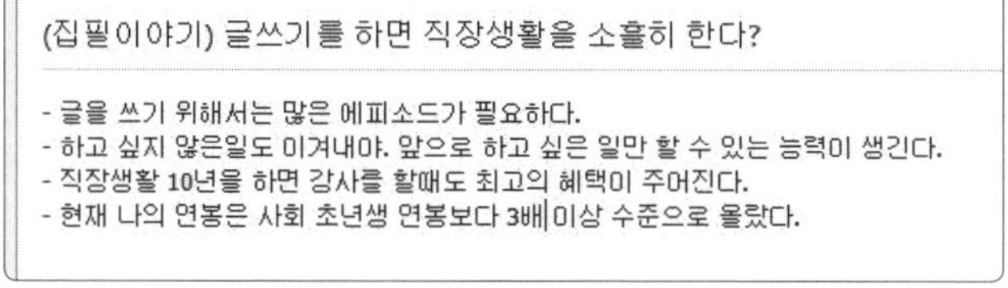

(집필이야기) 글쓰기를 하면 직장생활을 소홀히 한다?
- 글을 쓰기 위해서는 많은 에피소드가 필요하다.
- 하고 싶지 않은일도 이겨내야. 앞으로 하고 싶은 일만 할 수 있는 능력이 생긴다.
- 직장생활 10년을 하면 강사를 할때도 최고의 혜택이 주어진다.
- 현재 나의 연봉은 사회 초년생 연봉보다 3배이상 수준으로 올랐다.

그림 2-8 출근 전 떠오르는 꼭지 제목과 관련 문장들을 기록

종일, 적어놓은 꼭지를 생각하고 틈날 때마다 자료를 수집하고 스크랩해놓는다. 수집한 정보 중에서 쓸만한 문장이 있다면 바로바로 자신의 경험과 철학을 반영해서 또 중얼중얼하면서 자신의 글로 적어둔다. 이렇게 해서 저녁에 퇴근하고 나면 몇 개의 꼭지에 꽤 긴 글이 정리되어 있을 것이다.

자신이 제일 잘 쓸 수 있는 전문 분야의 주제부터 선택하자

필자 주변에서 책을 쓰고 싶다는 지인들의 이야기를 들어보면 자신이 속한 전문 분야의 주제가 아니라 취미로 했던 분야의 주제를 이야기한다. 좋아하는 분야를 먼저 쓰고 싶은 심정은 이해한다. 혹은 일반인을 대상으로 하는 문학이나 에세이, 동기부여 책이 더 많이 팔릴 수 있다는 생각 때문에 그렇게 말할 수도 있다. 하지만 우선 자신이 종사하고 있는 분야의 글부터 도전하기를 권한다.

전문 분야를 먼저 권하는 이유 중 첫 번째는 매일 접하는 것이다 보니 이야깃거리가 많기 때문이다. 쓸 콘텐츠가 많으니 생각나는 것만 써도 3달이면 원고 분량이 채워진다. 두 번째는 책이 나오면 우선 팔려야 한다. 책을 판매할 목적으로 쓰는 것이 아니라고 당당히 말한다면 출판사를 통하지 말고 자비 출판을 해라. 그런 마음은 출판사까지 손해를 보게 만들 수 있기 때문이다. 책이 나오면 지인 대부분 자신이 종사하는 분야의 사람들이다. 그 분야에 종사하는 사람들이 사거나 후배들에게 추천한다. 출판사에서도 저자 이력을 검토할 때 전문 분야의 경력 여부를 본다. 그리고 책이 나온 뒤 마케팅에서 저자가 어떤 역할을 할 수 있는지도 본다.

전문 분야에서도 분위기를 만들지 못한 상태에서 다른 분야까지 욕심을 부리면 둘 다 놓칠 수 있다. 잘 쓸 수 있고 쉽게 끝낼 수 있는데 다른 분야를 선택했다가 오랜 기간 계약이 되지 않고 출판을 포기하는 경우를 많이 봤다. 전문 분야에서 충분히 책을 출간한 뒤, 마음에 담아두었던 주제를 출간할 기회를 만들자.

처음 책을 계약하는 것은 매우 중요하다. 필자도 필자 이름이 새겨진 첫 책을 계약할 때 전문 분야임에도 불구하고 네 곳의 출판사에서 거절을 당했다. 일반인 대상으로 하는 책은 계획서조차 제대로 검토되지 않았다. 책이 한 권씩 출간되어 분야 베스트셀러에 오랫동안 머무르니 출판사들의 출간 제안이 쏟아졌다.

IT 기술서를 10권 넘게 출간한 뒤 '책 내기' 주제인 'IT 엔지니어의 책 내기, 투잡' 책을 썼지만, 이 책도 IT에서 크게 벗어나지 못했다. 판매량은 나쁘지 않다. 지인들과 이전에 필자 책을 샀던 독자들이 관심을 가져줬다. 일반인 대상으로 책을 썼다면 반응이 더 좋았을 것이라 확신하지 못한다. 출판사와 신뢰가 쌓이니 일반인 대상으로 책을 쓰게 되고 강의도 하게 되었다.

2.2.3 인터넷에서 에버노트로 자료 수집

웹에서 중요한 정보를 수집하여 책을 쓸 때 참고하고 인용해야 한다. 에버노트에서는 웹 클리퍼를 제공하고 있다. 인터넷 내용을 그대로 복사할 수 있거나 간소화된 형태로 저장할 수 있는 기능이다. 크롬 브라우저에서는 웹 클리퍼를 따로 설치해야 한다. 이 책에서는 사용자들의 이용률이 높은 크롬 브라우저에서 설치하는 방법을 다루겠다.

브라우저의 우상단 끝에 있는 [Chrome 맞춤설정 및 제어] 아이콘을 클릭하면 옵션 메뉴가 나온다. [도구 더보기] > [확장 프로그램]을 클릭한다.

그림 2-9 [확장 프로그램] 메뉴 선택

확장 프로그램 메뉴에 접근한 후 제일 하단에 있는 [더 많은 확장 프로그램 다운로드]를 클릭하면 'Chrome 웹 스토어'에서 다양한 프로그램을 다운로드받을 수 있다.

그림 2-10 [더 많은 확장 프로그램 다운로드] 클릭

확장 프로그램 설치 사이트(https://chrome.google.com/webstore/category/extensions?hl=ko)에서 'cliper'를 검색하면 'Evernote Web Cliper'가 나오며, [+CHROME에 추가] 버튼을 클릭하면 설치된다.

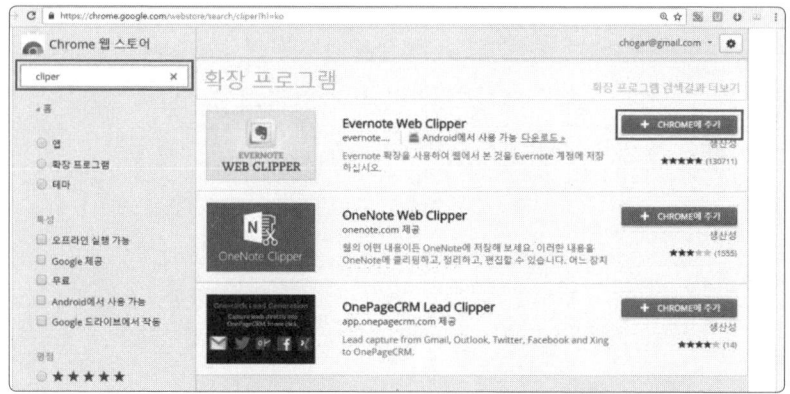

그림 2-11 확장 프로그램에서 웹 클리퍼 검색

확장 프로그램을 설치하면 아래 그림과 같이 상단에 [Evernote로 스크랩] 아이콘이 추가된다. 설치하고 아이콘을 처음 클릭할 때 인증 페이지가 나타나며 인증 정보를 한번만 입력하면 된다.

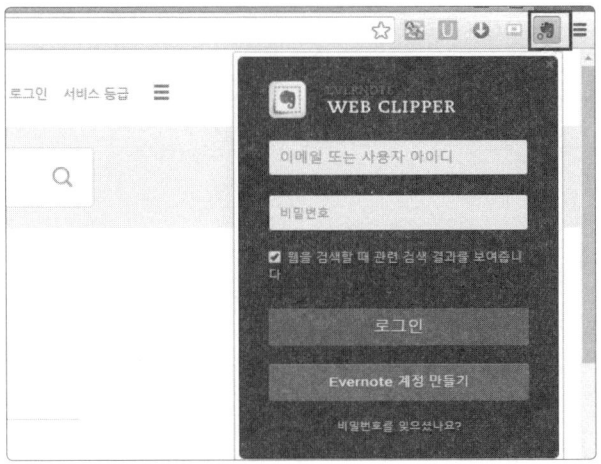

그림 2-12 에버노트 확장 프로그램 로그인

페이지를 저장하고 싶은 사이트에서 에버노트 아이콘을 클릭하면 그림 2-13과 같이 스크랩 방법과 에버노트와 연결되어 저장될 노트북을 지정할 수 있으며, 어떤 태크를 붙일지도 지정할 수 있다. 태그는 단어 별로, 일자 별로 검색을 할 때 유용하게 사용될 것이다.

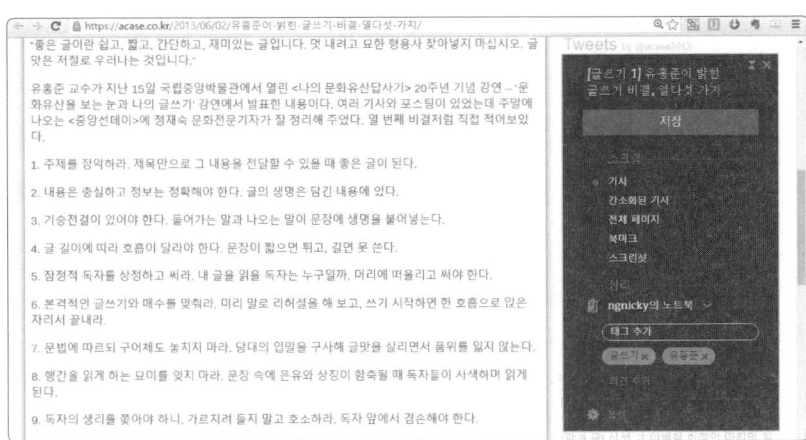

그림 2-13 에버노트 기사 스크랩

페이지를 저장하면 그림 2-14와 같이 지정한 에버노트 노트북에 쌓인다. 필자는 모든 집필과 강의를 에버노트로 시작한다. 에버노트에 관련 자료를 수집하고 틈나는 시간을 이용해 글을 쓴다.

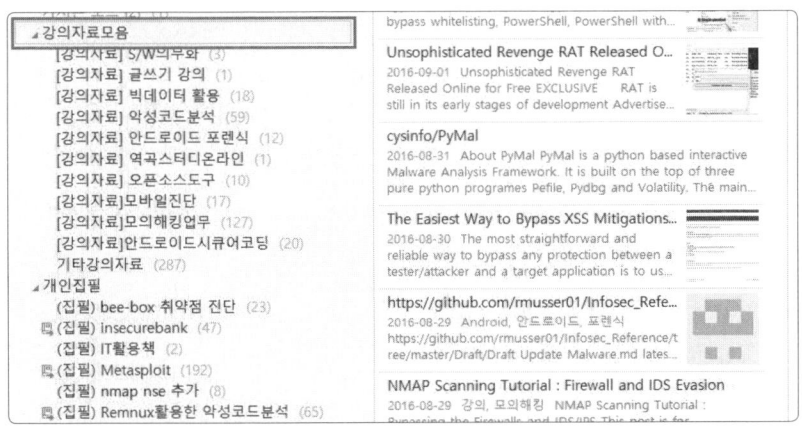

그림 2-14 에버노트 저장 결과 확인

에버노트의 장점은 검색이다. 프리미엄 서비스를 이용하여 PPT, PDF 등 문서 안에 포함된 단어까지 검색이 가능하다. 하루에도 많은 정보를 수집하다보면 쌓이기만 하고 활용할 수 없는 경우가 대부분이다. 이유는 검색이 제대로 되지 않기 때문이다. 책을 쓸 때는 자신만의 정보 수집 데이터베이스를 가지고 있어야 한다. 어려운 프로그램을 개발하라는 것이 아니다. 에버노트, 블로그, 카페 등에서 모두 검색을 활용할 수 있다. 에버노트에 차곡 차곡 쌓아놨다가 주제와 콘셉트가 결정되면 관련 자료를 모두 모아 정리를 시작하면 된다.

2.2.4 공동 저자들과 프로젝트 공유하기

1년에 5권의 책을 기획하고 이 중에서 3권 정도는 공동 집필을 한다. 공동 집필을 할 때는 서로 맡은 분야의 원고를 채워가고 관련된 정보를 한곳에 모아야 한다. 에버노트에서 프리미엄 서비스를 사용하면 장점들이 많아진다. 그중에서 필자가 제일 좋아하는 기능 중 하나는 '다른 사람과의 노트 공유'이다. 노트 공유 기능은 무료인 베이직 등급도 가능하다.

공동으로 집필할 때 메일로 문서로 주고받으면 진행 상황 파악이 어렵다. 또한, 문서 버전 관리를 잘 못하면 중요한 콘텐츠들이 없어지거나 잊어버리는 경우가 발생한다. 에버노트에서 노트 공유를 하면 작성 중인 콘텐츠를 정기적으로 동기화(최소 15분)할 수 있다. 실시간으로 업로드된 콘텐츠로 팀원들끼리 즉시 토론할 수 있다. 그리고 프로젝트를 총괄할 때 매번 올라오는 팀원들의 콘텐츠 작성 현황을 파악할 수 있다.

에버노트를 실행하고 그림 2-15와 같이 공유할 노트를 선택한 뒤 마우스 오른쪽 버튼을 클릭하여 [노트북 공유]를 선택한다.

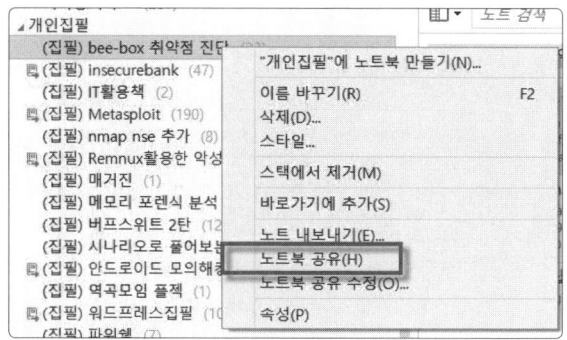

그림 2-15 에버노트 노트북 공유 기능

그림 2-16과 같이 공유할 노트 이름이 나타난다. 에버노트에 등록된 사용자의 이메일로 초대하고 3가지 권한(수정 및 다른 사용자 초대, 편집 가능, 보기) 중에서 하나를 부여한다. 팀원들은 공유된 노트에 원고를 작성하고 자료를 올려야 하므로 '수정' 권한 이상을 부여해야 한다.

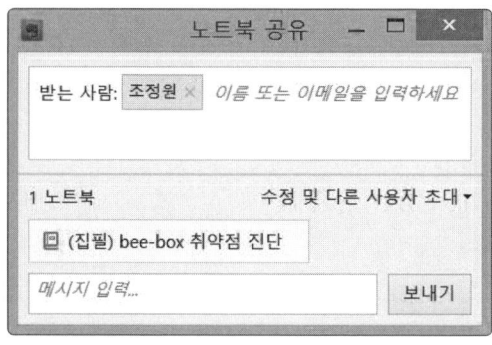

그림 2-16 에버노트 사용자 공유/권한 부여

공유가 완료되면 그림 2-17과 같이 워크챗에 공유된 갯수가 활성화되고 관련 노트북을 클릭하면 자동으로 내 노트북으로 추가된다.

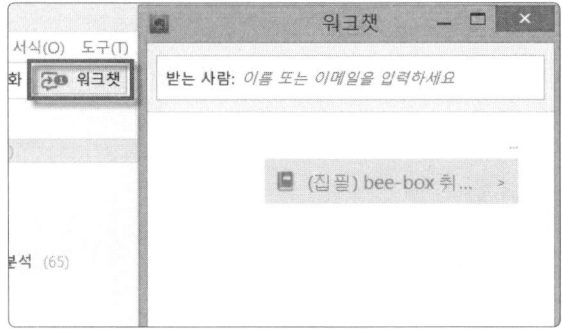

그림 2-17 워크챗에 공유된 노트 활성화

그림 2-18은 이미 부여된 권한을 수정하는 페이지이다. 노트에서 마우스 오른쪽 버튼을 클릭하고 [공유 수정]을 선택한다.

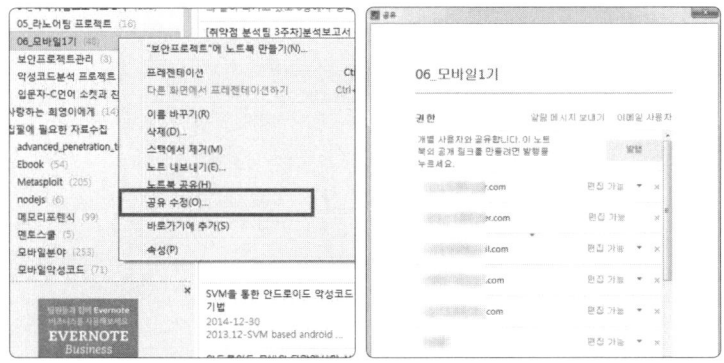

그림 2-18 에버노트 사용자 공유/권한 수정

팀원들이 등록한 뒤에 노트에 새로운 페이지를 생성하여 작성하고, 자신이 맡은 부분을 업로드하면 그림 2-19와 같이 동기화된다. 콘텐츠의 업데이트

현황을 매일 보면서 책을 기획하고 콘텐츠를 관리하는 데 이만한 프로그램이 없다. 최적의 집필 도구라고 감히 말하고 싶다.

그림 2-19 다른 사용자가 작성한 노트 공유

참고로, 모바일에서 노트 형식으로 작성하는 것이 아니라 파일 형식으로 원고를 공유하고 싶다면 에버노트보다는 드롭박스를 활용해야 한다.

공동 집필을 관리할 때 유용한 팁 하나를 설명하면 에버노트의 체크 박스를 적극 활용하기 바란다. 집필에 포함시킬 소재들을 찾고 다니다보면 앞으로 내용에 포함될 부분과 완료된 것을 점검할 필요가 있다. 프로젝트를 관리하는 프로그램들은 많지만, 너무 복잡하며 오히려 프로젝트에 방해된다. 에버노트 기능 중에 체크 박스가 있는데, 에버노트로 집필하면서 해야 할 목록들을 바로바로 확인할 때 최적이다. 그림 2-20과 같이 도구 모음에 체크박스 아이콘이 있는데, 이것을 문장 앞에 삽입한다.

그림 2-20 에버노트 체크박스 활용

그림 2-21과 같이 진행해야 할 부분과 해당 인원들을 텍스트로 간단히 명시하고, 작업이 완료되면 체크를 해서 정해진 원고 탈고 날짜까지 수월하게 진행될 수 있도록 관리한다.

```
칼리리눅스 집필관련 과제/의견

1차 목표: 6월까지 재판이나 신규판에 대한 계약
2차 목표: 12월까지 출판 고고|

☐ 모의해킹 방법론을 단계적으로 요약 설명 추가
☑ SSH로 접속하는 방법 (니키)
 - 스캔 작업, 크랙, SSH터널링 등에 효율적 사용이고, 보고서 작성은 윈도우에서 대부분 진행
☐ 듀얼 부팅 진행 - 무선을 할 시에 패킷수집 문제가 발생할 경우, 시스템 용량이 많이 필요한 작업(악성코드 자동 분석 등)
☐ Netcat에 대한 배너그래핑내용 추가 (미나님 정리 중)
☐ ping, traceroute, netenum, fping에 대한 공통점 - ICMP로 요청을 하나
☐ burpsuite에 대한 활용 - 웹 서비스 진단 부분에 활용 (내가 위저드님 정리 중)
 - 프록시 기능, Repeat 기능, 스캔 기능 등에 대한 간단한 활용 (Fiddler, IE 개발자 도구 등에 대한 간단한 언급)
☑ skipfish 테스트/옵션 정리 (니키)
☑ Metasploit Armitage 설치 - apt get install (니키)
☐ Metasploit Pro에 대한 설명 - Try기간동안의 활용에 대한 내용
☐ Metasploit에서 스캔 방법에 대한 내용 추가 - Nmap, Nessus 등
☐ Metasploit를 활용한 시스템 침투에 대한 시나리오 기법
 - 스캔/정보 수집 -> 취약점 도출 -> 내부 침투, 패스워드 크랙 -> 중요정보 탈취 -> Pivot까지
☐ Metasploit - Kioptrix Level 환경 언급
☑ Metasploit Armitage 기능 내용 추가 (니키)
☑ Metasploitable V2 각 페이지에 대한 상세 설명 추가 (니키)
```

그림 2-21 에버노트의 체크박스를 이용한 프로젝트 관리

에버노트는 모바일 환경에서 텍스트 형식의 글을 남길 수 있는 최고의 프로그램이다. 다양한 기능을 가지고 있는 다른 프로그램도 많이 있지만 '메모', '공유', '동기화'라는 컨셉을 가지고 있는 에버노트는 필자에게 많은 책을 안겨주었다. 직장을 다니면서 제일 중요한 것은 '시간'이다. 시간을 헛되이 사용하지 않기 위해서는 자신에게 맞는 플랫폼을 빨리 찾아 일상 속에서 적극 활용해야 한다.

2.2.5 에버노트로 작성한 원고에서 이미지 관리하기

에버노트 클라이언트 프로그램은 캡처한 그림을 삽입하고 글을 작성하기에 최적이다. 복사하기만 하면 그림이나 음악 파일이 자연스럽게 첨부된다. 이렇게 저장된 그림과 글을 원고에 반영하거나 카페와 블로그의 글에 활용

하면 시간을 아낄 수 있다. 필자가 이런 기능을 찾게 된 이유는 업무상 연구 보고서를 작성하고 웹에 결과 화면을 첨부해야 하는데, 사진 10장까지는 어떻게든 수동으로 하겠는데 수십 장 이상이 되는 순간 이미지 파일을 하나하나 웹에 올리는 과정이 매우 번거롭고 지루했기 때문이다.

필자는 블로그에 먼저 기록하기 보다 워드 파일에서 원고를 먼저 작성한다. 이는 원고 문서로 남기기 위해서고 그림 파일들을 다른 곳에서 활용하기 쉽기 때문이다. 워드 문서의 글을 최종적으로 정리해서 웹에 등록한다고 치자. 그러려면 그림 순서를 매겨서 정리해두어야 한다. 예로, image01.png, image02.png...와 같이 그림 파일 제목을 붙여야 한다. 이렇게 할 때 그림 파일이 많아질수록 시간은 더 소요된다.

좀 더 효율적인 방법으로 그림을 관리하고 올릴 수 없을까? 에버노트의 기능 중 하나인 [노트 내보내기] 기능을 활용하면 된다.

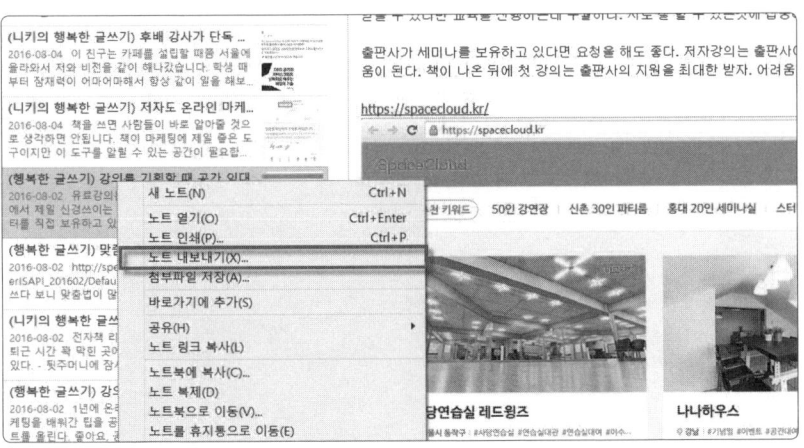

그림 2-22 에버노트 - 노트 내보내기

이 기능을 이용하면 html/mht 등의 형식으로 내보내기할 수 있다.

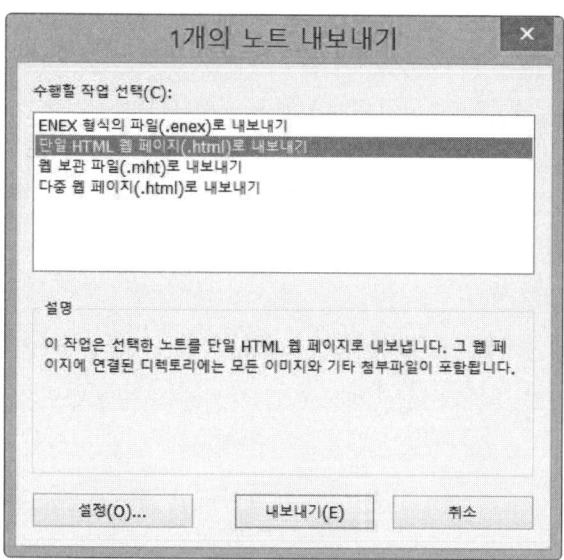

그림 2-23 단일 HTML 웹페이지로 내보내기

[내보내기] 버튼을 누르면 다음과 같이 성공 메시지가 뜬다. 여기서는 [포함 폴더 열기]를 선택한다.

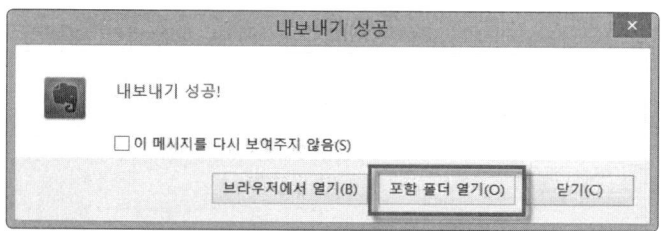

그림 2-24 저장된 폴더로 이동

이렇게 저장하면 한 개의 html 파일과 그림 파일이 포함되어 있는 디렉터리(images)가 생긴다. 이미지 디렉터리에 가면 image.png ~ image[n].png 파일까지 문서 순서대로 저장되어 있는 것을 볼 수 있다. 이렇게 하면 불필요하게 이미지 파일을 다시 관리할 필요가 없다. 에버노트로 초고를 작성했다면 디렉터리 이름만 수정해서 원본 그림을 가지고 있으면 된다. 이는 나중에 책 작업을 할 때 유용하게 이용된다.

그림 2-25 에버노트 기능을 이용하여 이미지를 효율적으로 관리

이제 에버노트에 등록되어 있는 글은 그대로 복사를 해서 이용하면 되고, 그림 파일은 그림 첨부 기능을 이용해서 순서대로 맞추면 된다. 그림 2-26과 같이 카페와 블로그에 작성한 원고를 공유하고 싶을 때도 이미지 업로드가 수월하다.

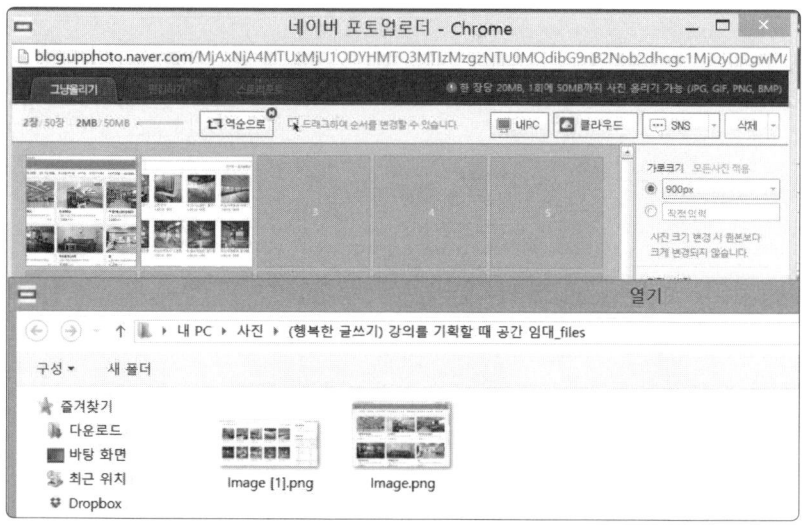

그림 2-26 네이버 이미지 업로드로 올리기

이제까지 에버노트의 그림 저장 방법을 설명했다. MS 워드를 이용해서 원고 집필만 한다면 이런 꼼수는 필요하지 않다. 하지만, 작가는 카페, 블로그, 페이스북을 이용해서 자신의 글을 끊임 없이 알려야 한다. 그렇다고 원고를 집필하는 시간보다 더 많은 시간을 대외 활동에 투자할 수는 없다. 주어진 시간 내에 주어진 기능을 활용해서 책을 쓰고, 책을 홍보해야 한다. 이 작업을 효율적으로 진행하려면 에버노트와 같은 서비스의 기능들을 다양하게 활용해야 한다.

2.3 MS 워드/파워포인트 활용

2.3.1 문서 스타일과 개요 번호 적용하기

필자가 운영하는 스터디 모임에서 가장 먼저 하는 일은 "보고서 양식 적용하기"이다. 미리 만든 보고서 양식을 설명하고 목차를 만드는 법, 문단 스타일을 적용하는 법, 그림 캡션 및 상호참조를 적용하는 법을 알려준다. 관련된 전문 분야의 지식을 가르치는 시간도 아까운데 왜 보고서 작성 방법을 알려주냐는 의문을 던질 수 있다. 어떤 공부를 하든 결과물이 나와야 하는 것이고 보고서는 통일된 문서에 정리되어야 한다. 그렇게 해야 팀원들의 결과물을 모아 책으로 출간하거나 매거진으로 발행해서 사람들에게 알릴 수 있다.

이 책에서는 MS 워드 2013 버전을 이용해서 개요 번호와 스타일을 적용하는 방법을 배우겠다. 실무에서 MS 워드를 많이 사용하는데 업무에서 기존 양식을 활용하다 보니 보고서에서 제일 중요한 "스타일 적용" 방법을 모르는 사람이 많다. 스터디 멤버의 90프로 이상이 간단한 적용 방법을 몰라 중간에 보고서를 수정할 때 고생한다.

워드를 처음 시작하면 아무것도 없는 백지 상태이다. 그림 2-27과 같이 상단 메뉴 [디자인]에서 기본으로 제공되는 스타일을 적용한다. 필자가 책을 쓸 때 많이 사용하는 음영 디자인을 선택해보겠다.

그림 2-27 스타일 적용하기

홈 메뉴로 돌아오면 그림 2-28와 같이 기본 개요 번호 스타일이 그림 2-27에서 적용한 스타일로 바뀌었다.

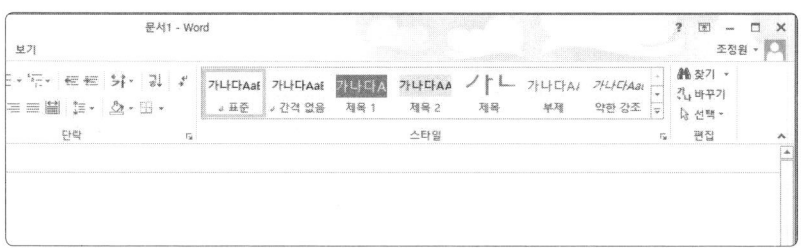

그림 2-28 홈 메뉴 스타일 확인하기

스타일은 여러분이 원하는 것으로 선택해도 좋다. 보기 좋으면 된다. 중요한 것은 뒤에 설명할 '개요 번호 만들기'이다. 개요 번호를 만드는 이유는 '목차'를 만들 때 필요하기 때문이다. 목차는 책쓰기할 때 뼈대 역할을 한다고 했다. 장 제목과 꼭지 제목을 하나씩 만들고 내용을 채우게 되는데, 처음 만들었던 꼭지가 그대로 유지되지는 않는다. 글을 쓰다 보면 언제나 꼭지 제목과 목차는 변하게 되고 그에 따라 빠르게 확인할 수 있어야 한다. 이때 개요 번호가 필요하다.

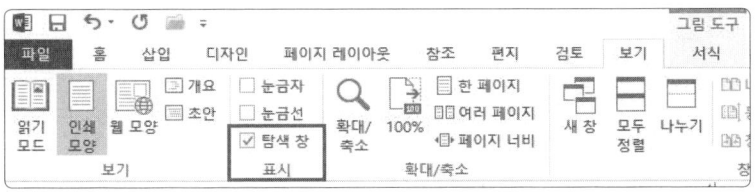

그림 2-29 탐색 창 표시로 목차 보기

MS 워드 프로그램의 상단 메뉴 [보기] > [탐색 창 표시]가 체크되어 있다면 화면 왼쪽에 목차가 보인다. 그림 2-30은 지금 이 책을 쓰면서 만들어진 목차를 보여준다. 탐색 창에서 제목을 선택한 뒤 자신이 원하는 위치로 순서를 바꿀 수 있다. 꼭지 순서를 바꾸면 안에 있는 내용도 같이 옮겨진다.

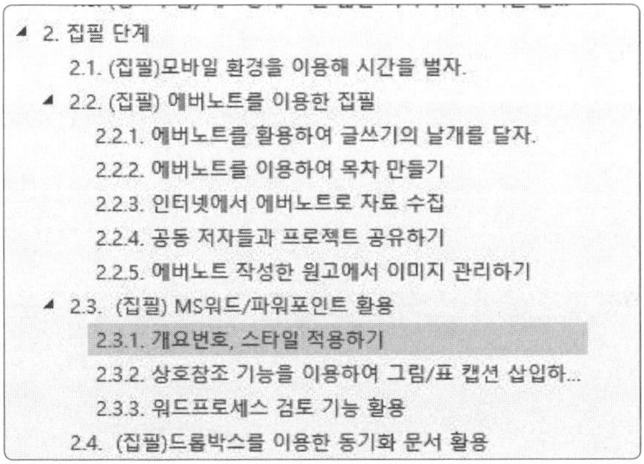

그림 2-30 탐색 창 표시로 목차 확인

이제 본문에 스타일이 적용된 개요 번호를 만들어 보겠다. 그림 2-31과 같이 "글쓰기 1장 제목입니다."에는 '제목 1' 스타일을 적용하고, "1장. 1꼭지입니다."에는 '제목 2' 스타일을 적용한다. 그럼 자동으로 제목 단계에 맞게 스타일이 적용된다.

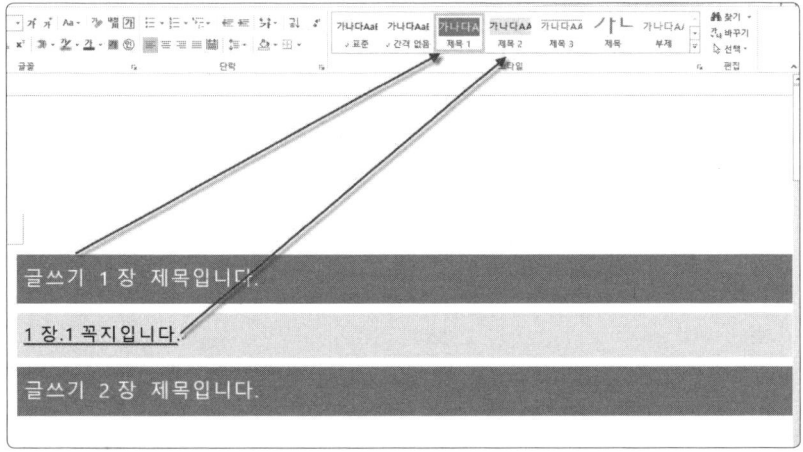

그림 2-31 제목과 꼭지에 스타일 적용하기

목차로 사용할 항목에 스타일을 적용한 뒤에 "1. ", "1.1. "이라고 앞에 입력하면 자동으로 개요 번호가 적용된다. 개요 번호는 각 항목에 대한 번호를 지정한다. 1. 개요, 1.1. 꼭지1, 1.2. 꼭지2..., 이런 형태이다. 문서를 만들 때 이 개요 번호를 잘 지정해줘야 후에 수정 작업을 최소화할 수 있다. 여기까지 스타일을 적용하면 기본적인 문서 작업에 대한 준비가 끝난다.

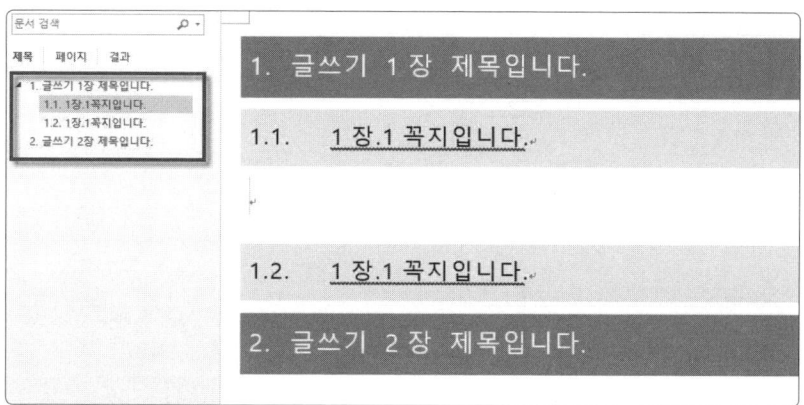

그림 2-32 제목과 꼭지에 스타일 적용하기

개요 번호를 이용하여 장 제목과 꼭지 제목을 만들었으면, 목차 페이지를 만들 차례다. 원고의 제일 앞에 빈 페이지를 하나 새로 만든다. 상단 메뉴에서 [참조] 〉 [목차]를 클릭한다. 수동 목차와 자동 목차가 있는데 자동 목차 중 하나를 클릭하자. 그럼 개요 번호에 적었던 목차가 새로운 페이지에 만들어진다.

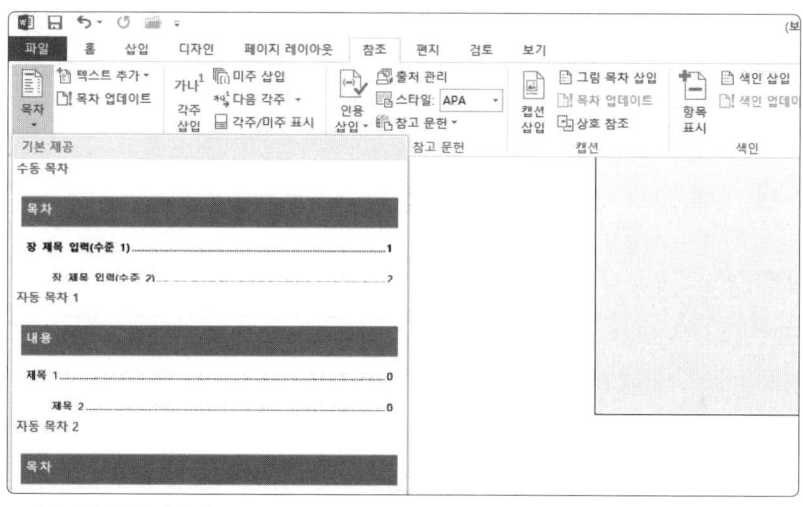

그림 2-33 목차 만들기

새로운 개요 번호(장 제목, 꼭지 제목)를 추가하거나 뒤에 설명할 '캡션과 상호참조 기능'을 추가한 뒤에는 [필드 업데이트]를 해주어야 원고에 적용된다.

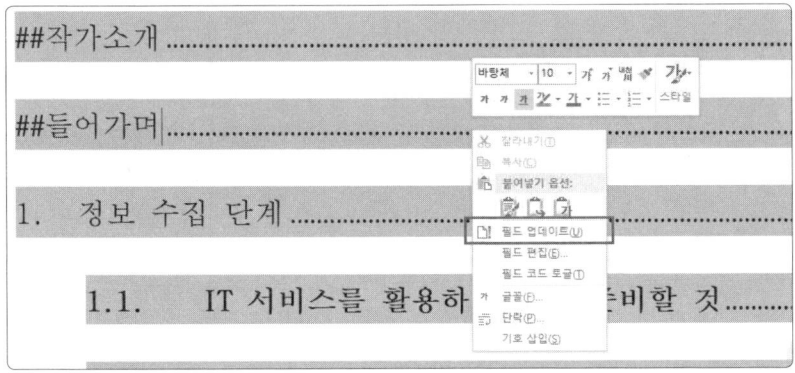

그림 2-34 필드 업데이트 적용

원고를 쓰다보면 끊임 없이 수정하게 된다. 꼭지 중간 중간에 새로운 꼭지를 만들거나 기존 꼭지를 지울 수 있다. 개요 번호를 적용하지 않거나 뒤에 이야기할 그림/표 캡션을 해두지 않으면 수동으로 하나씩 수정해야 한다. 이때 시간을 너무 허비하게 되면 원고 쓰는 시간이 길어지고 지치게 된다.

2.3.2 상호 참조 기능을 이용하여 그림/표 캡션 삽입하기

IT실용책, 여행책, 요리책 등 순서대로 설명해야 하는 가이드 형태의 책에는 그림이 많이 들어간다. 한 페이지에 2-3개의 그림이 있다고 하자. '아래와 같이', '위의 그림에서'라고 설명하면 어떤 그림을 말하는지 혼란스러울 수 있다. 이를 방지하려면 '[그림 1]과 같이', ' [그림 2]와 같이'라고 정확하게 명시해야 한다.

수작업으로 하나씩 작업을 할 수 있지만 원고를 작성하면서 그림의 위치와 내용이 계속 바뀐다. 그림이 추가되면서 [그림 1]이 [그림 3]으로, [그림 5]가 [그림 20]으로 수정될 수 있다. 그림이 몇 개 되지 않는다면 이 작업은 금방 끝날 수 있지만 원고량이 많으면 시간이 많이 소요된다. 필자가 두 번째 책을 쓸 때 원고가 600페이지가 넘었다. 캡션과 상호 참조 기능을 몰랐었고, 이 원고의 내용을 하나씩 모두 작업하느라 몇 주 동안 고생했다. 그 시간은 지금 생각해도 너무 아깝다.

MS 워드의 그림/표 '캡션 삽입'과 '상호 참조' 기능을 활용해보자. 그림 2-35와 같이 삽입한 그림에서 마우스 오른쪽 버튼을 클릭하고 [캡션 삽입]을 클릭한다. 레이블(Table, Figure, 그림, 표 등)을 선택하고, 위치를 결정한다. [새 레이블]을 이용해 자신만의 캡션 이름을 정할 수도 있다.

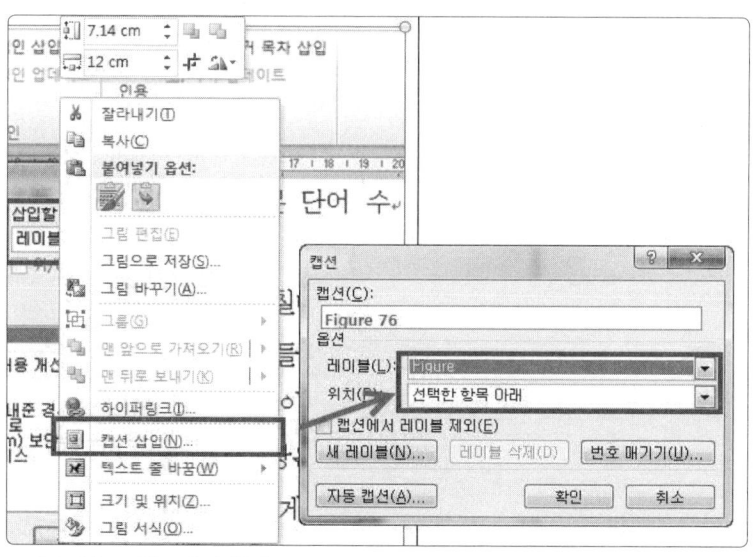

그림 2-35 그림/표 캡션 삽입

삽입을 하면 그림 2-36과 같이 그림 캡션이 그림 하단에 생성된다. [새 레이블]에 '그림'이라고 수정했고 위치는 '선택한 항목 아래'를 선택했다. 또한, 캡션의 서식을 원고에 맞게 수정했다. 여러분도 자신의 레이블과 서식을 한 번 적용해보기 바란다.

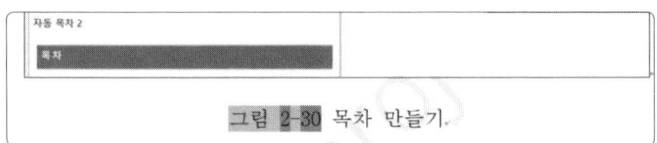

그림 2-36 그림 캡션 생성

이제 그림 캡션을 만들었다. 많은 그림이 있다면 상호 참조로 그림을 선택해서 설명해야 한다. 상단 메뉴에서 [참조] > [상호 참조]를 클릭한다. [참조할 대상] 메뉴에서 레이블로 설정했던 것을 선택하면 이제까지 삽입했던 그림 캡션들이 아래 목록에 나온다. [삽입할 참조 내용]은 '레이블과 번호만'을 선택하는 게 좋다.

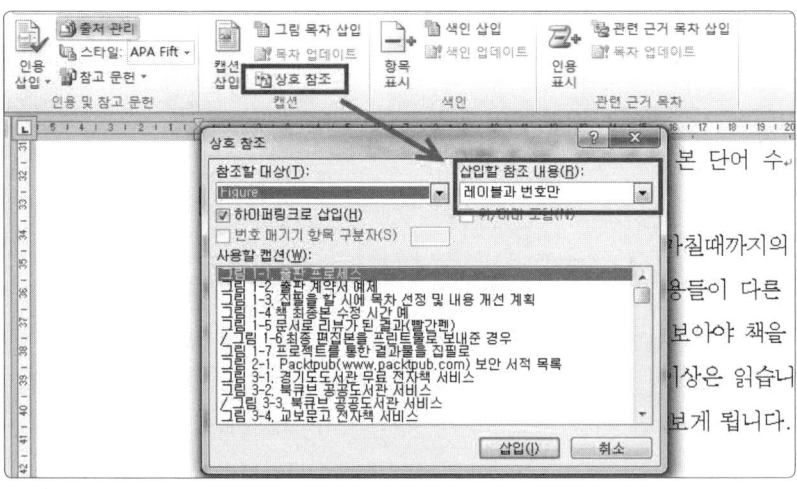

그림 2-37 상호 참조를 이용하여 그림/표 캡션 삽입

여기까지 실습을 잘 따라왔다면 원고에서 어떻게 표시되는지 확인해보자. 그림 2-38과 같이 마우스로 본문을 긁어보면 기능이 적용된 것은 회색 바탕으로 표시된다. 모든 캡션과 상호 참조가 적용된 후에, 문서 내의 모든 캡션을 수정할 필요 없이 '필드 업데이트'만 해주면 모든 내용이 자동으로 변경된다.

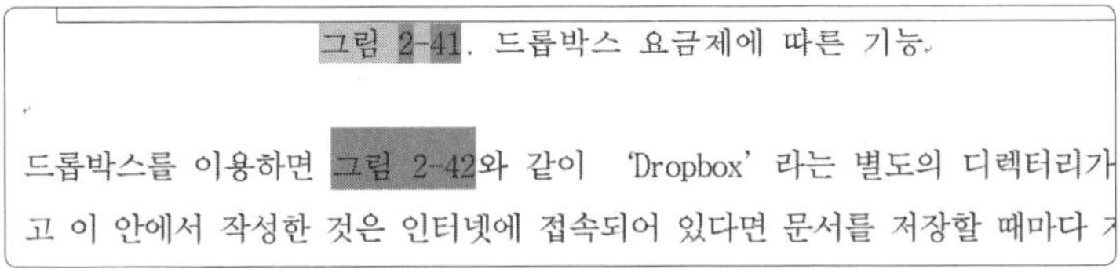

> 그림 2-41. 드롭박스 요금제에 따른 기능
>
> 드롭박스를 이용하면 그림 2-42와 같이 'Dropbox'라는 별도의 디렉터리가 고 이 안에서 작성한 것은 인터넷에 접속되어 있다면 문서를 저장할 때마다

그림 2-38 캡션과 상호 참조가 적용된 원고 사례

그림이 많이 있는 원고에서는 이 기능을 꼭 이용해야 한다. 습관 하나 잘 들여놓으면 몇 주 동안의 시간을 벌 수 있고 그만큼 다른 가치 있는 일을 할 수 있다.

2.3.3 워드프로세스 검토 기능 활용

저자가 원고를 탈고하면 출판사에 보낸다. 원고를 보냈다고 해서 집필이 끝난 것은 아니다. 제일 무서운 출판사 편집자의 검토가 남아 있다. 원고에서 문법이 틀리거나 맞춤법이 틀리면 편집자가 한 번 더 수정을 해준다. 편집자 입장에서 앞뒤 문장이 이상하면 문장을 완전히 바꾸는 경우도 있다. 작가들에 따라 자신이 쓴 문장을 많이 수정하면 기분이 나쁠 수도 있지만, 필자는 수많은 원고를 검토한 전문 편집자의 의견을 따르는 편이다. IT 기술책 위주로 책을 썼기 때문에 어색한 문장이 많고 맞춤법도 틀린 경우가 많다. 편집자의 손을 거치고 나면 아름다운 문장으로 바뀌는 것을 자주 경험했다.

출판사마다 다른데 최근 대부분의 출판사에서는 종이로 원고를 검토해서 주기보다는 편집기의 기능을 이용해 원고를 검토한다. 종이로 프린트해서 수정한 원고를 우편으로 보내 저자가 원고에 별도 표기하는 경우도 있다. 종이로 펼쳐 보면 좀 더 보기 편한 면도 있지만 편집기의 검토 기능에 익숙해질 필요가 있다. 공동 집필을 할 때도 이 기능을 이용해서 원고를 크로스 점검한다.

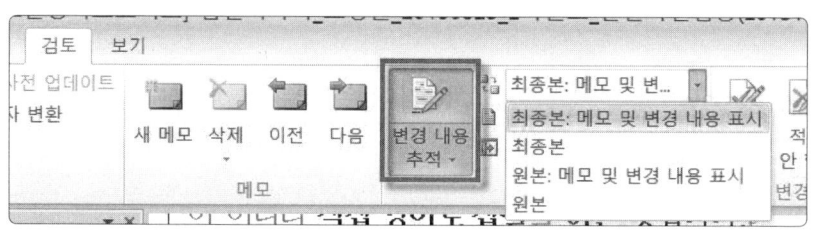

그림 2-39 MS 워드 검토 기능 활성화

그림 2-39와 같이 [검토] > [변경 내용 추적]을 활성화하고 작성하면 이전에 작성된 원고에서 수정된 내용을 그림 2-40과 같이 확인할 수 있다. 처음 봤을 때는 복잡하게 보일지 몰라도, 누가 어떤 글을 수정했는지 확인할 수 있고 앞으로 어떤 문장을 주의 깊게 작성해야 할지 판단할 수 있다.

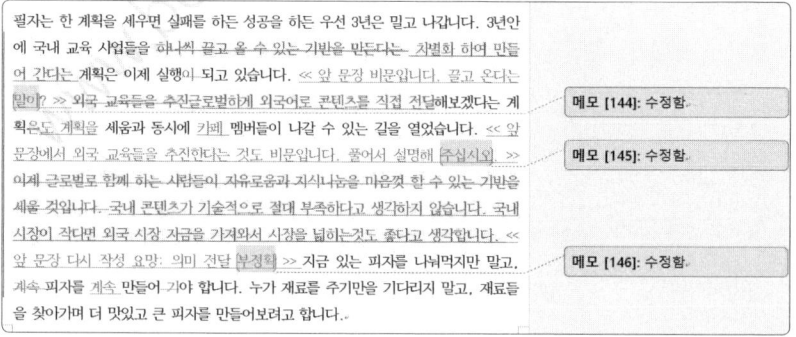

그림 2-40 MS 워드를 이용하여 원고 검토 및 답변

변경 내용 추적 옵션은 아래 표와 같다.

옵션	설명
최종본: 메모 및 변경 내용 표시	원고에서 수정했던 최종 편집에 편집자와 작가가 추가한 메모와 수정했던 내용이 모두 표시
최종본	원고에서 수정했던 최종 편집본의 내용만 표시
원본: 메모 및 변경 내용 표시	원고를 수정하기 전의 내용에 편집자와 작가가 추가한 메모와 수정한 내용이 모두 표시
원본	원고를 수정하기 전의 내용만 표시

원고 검토의 중요성

원고가 모두 완성되면 최종적으로 종이로 출력을 해서 마지막 검토를 한다. 수십 번 원고를 검토해도 책이 나온 뒤에 수정할 것이 또 나온다. 시간이 많이 걸리고 반복해서 보기 때문에 지겨운 작업일 수 있다. 하지만, 이 단계를 잘 넘겨야 좋은 책으로 탄생되기 때문에 인내심과 책임감을 가지고 끝까지 해내야 한다.

원고 검토 과정을 거쳐야 글쓰기도 자연스럽게 성장한다. 그래서 본인이 참여한 책은 꼭 같이 검토해보자. 필자는 1년에 여러 권의 책을 집필하면서 이제까지 글쓰기 강의를 들어본 적이 없다. 유명한 작가님에게 배울 기회를 만들려고 했지만, 매번 일정이 맞지 않았다. 그래도 꾸준히 책을 쓰고 있다. 원고를 총괄하기 위해서는 책의 목차 구성(제목, 꼭지), 출판 전체 흐름, 편집 기술이 필요하다. 이것을 알지 않고 책을 쓰면 시간이 많이 소요된다. 시간이 길어지면 지치게 되어 고생만 하고 책으로 볼 수 없는 경우가 많다.

출판사에서 교정, 교열 단계가 있지만 총괄 저자가 전체 문장을 일차적으로 수정해야 한다. 수십 번 읽어보며 수정을 해도 출판사에서 수정한 것을 보면 민망할 정도로 빨간 줄이 많다. 빨간 줄로 그어진 것은 그냥 지나치지 않았다. 수정 전과 수정 후의 원고를 출력해서 비교했다. 매번 틀렸던 문장이 어디였고 출판사 편집자가 원하는 문장 흐름이 어떤지 분석했다. 그리고 다음 책에 반영하려고 노력했다.

이런 과정을 5년 넘게 하니 글 쓰는 데 부담은 없어졌다. 글쓰기 코치에 비해 아직 많이 부족하다. 하지만 1년에 몇 권의 책을 쓰기에 부족함은 없다. 그리고 이미 필자 문체는 필자에게 맞춰져 버려 글쓰기를 배워도 크게 달라질 것 같지는 않다. 수백만 원, 수천만 원 하는 글쓰기 교육비를 책을 쓰며 배웠다 생각하니 큰 이득을 본 거 같다.

2.4 드롭박스를 이용한 동기화 문서 활용

2.2절과 2.3절에서 에버노트와 MS 워드 프로그램을 설명했다. 이번에는 클라우드 동기화 서비스 중 하나인 드롭박스의 활용 방법을 설명한다. 드롭박스는 문서와 파일 등을 동기화해서 여러 사람들과 협업을 할 때 많이 사용한다. 회사에서 프로젝트를 진행할 때 팀원들과 최신 정보를 공유하고 어디에서든 업무를 하기 위해 사용된다.

책을 집필할 때 에버노트에 문장을 입력할 수 있지만 원고를 만들 때는 MS 워드나 한글 편집 프로그램으로 작업해야 한다. 좀 더 시간을 효율적으로 사용하고 어떤 곳에서든 기존에 작성했던 원고를 이어서 작성하려면 클라우드 동기화 서비스가 필요하다. 새벽에 집에서 작성한 원고를 동기화한 뒤에 회사에 출근해서 업무 시작 전에 원고를 잠시 더 작성하고 싶다면 최신으로 동기화된 원고를 바로 확인할 수 있어야 한다. 동기화가 되어 있지 않다면 원고를 작성하던 노트북을 들고다녀야 하는데 매우 번거롭다. 장소에 구애받지 않고 여러 기기에서 시간이 날 때마다 작업을 할 수 있어야 한다.

드롭박스가 무료는 아니다.

그림 2-41 드롭박스 요금제

월 단위로 일정 비용을 지불해야 하며 팀원들과 협업으로 더 많은 기능을 지원받고 싶다면 그만큼 지불해야 하는 비용은 증가한다. 물론 개인용(Pro)만 있어도 혼자 집필하는 데는 불편함이 없다.

그림 2-42 드롭박스 요금제에 따른 기능

드롭박스를 이용하면 그림 2-43과 같이 'Dropbox'라는 별도의 디렉터리가 생성되고 이 안에서 작성된 문서는 인터넷에 접속되어 있다면 문서가 저장될 때마다 자동으로 동기화된다. 드롭박스의 뛰어난 동기화 기술로 인해 몇 메가 정도의 문서가 동기화되는 데에 몇 초 걸리지 않는다.

그림 2-43 드롭박스 동기화

모바일 단말의 사진 파일과 동기화를 해두면 모바일 카메라로 사진을 찍을 때마다 동기화된다. 사진을 찍고 PC 단말에서 바로 원고 작업을 할 때 유용하다.

문서 동기화 프로그램인 드롭박스의 장점 중 하나는 이전 버전의 문서 복원 기능이 있다는 것이다. 최근 한달(30일) 간의 변경된 모든 내용을 저장하고 있다. 원고를 작성하거나 강의 자료를 만들다보면 실수로 엉뚱한 내용을 저장할 수 있다. 또한, 최근 이슈 되는 랜섬웨어 악성코드 감염으로 인해 중요한 원고가 파괴될 수 있다. 이때 드롭박스를 사용하고 있다면 빠르게 복원이 가능하다.

그림 2-44는 동기화된 탐색기에서 문서를 선택하고 마우스 오른쪽 옵션에서 이전 버전을 확인하는 방법이다.

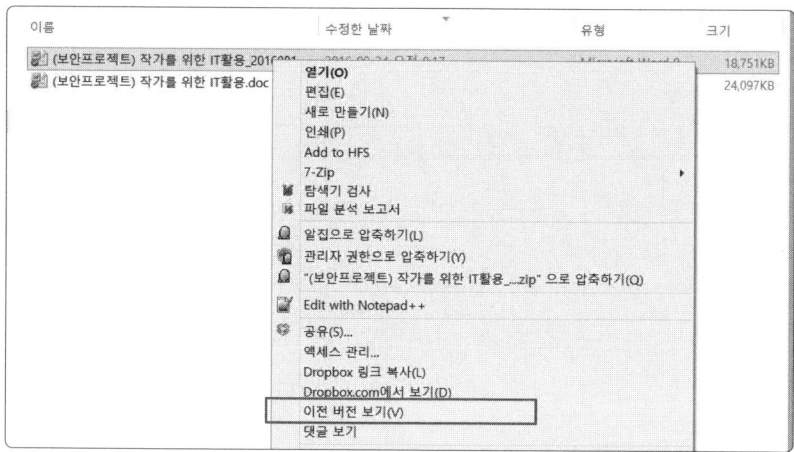

그림 2-44 탐색기에서 이전 버전 선택

그림 2-45는 웹에서 이전 버전 문서에 접근하는 방법이다. 이전 버전 문서에 접근하면 한달 동안 수정한 문서를 확인할 수 있다.

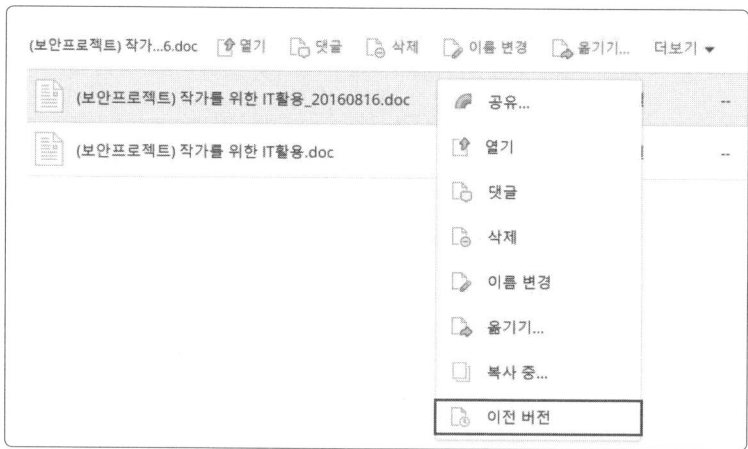

그림 2-45 웹에서 이전 버전 선택

문서 오른쪽의 [복원] 버튼을 클릭하면 이전 버전으로 복원할 수 있다.

그림 2-46 이전 버전 문서로 복원

드롭박스와 에버노트의 기능을 같이 사용하고 싶은 사람은 마이크로소프트의 원노트를 사용하기도 한다. 오프스365(Office365) 클라우드 유료 서비스에 등록하면 언제 어디서나 공동 집필이 가능하고 문서 실시간 동기화가 가능하다. 어떤 것을 선택하냐는 독자의 몫이다. 자신의 환경과 용도에 따라 선택해야 한다.

2.5 네이버 카페북을 이용한 공동 집필

이번 절에서는 필자가 운영자로 활동하고 있는 네이버 카페 '보안프로젝트'에서 많은 저자와 어떻게 활동하고 있는지 공유해보려고 한다. 5년 동안 20명이 넘는 저자와 중국어 출판을 포함해 15권이 넘는 책을 출간했다. 지금은 1년에 수천 명을 대상으로 교육을 진행한다.

이렇게 성장하기 위해서는 콘텐츠 관리가 중요하다. 초창기부터 매일 생산되는 콘텐츠를 효율적으로 관리할 방법을 고민하다가 네이버 카페의 '카페북'을 활용하게 되었다. 카페북은 멤버들과 공동으로 연구하며 책을 쓸 수 있는 공간을 만들어가자는 목적으로 시작되었다. 많은 카페에서 공동 집필을 추진할 때 카페북을 이용하고 있다. 자신 있게 이야기를 하면, 필자가 운영하는 카페가 카페북을 제일 잘 활용하고 있지 않나 싶다.

필자는 카페북 멤버와 연구한 결과물이 나올 때마다 카페북에 올린다. 콘텐츠가 업데이트되면 최종적으로 확인하고 체계적으로 목차를 만든다. 현재 카페에는 40개 이상의 카페북이 생성되어 있다. 일차적으로 종료된 프로젝트는 모두 책으로 출간하였고, 아직도 1년에 5개 정도의 프로젝트를 신규로 생성한다.

그림 2-47 카페 내 카페북 프로젝트가 책으로

구성원에게 받은 원고를 카페북에 업데이트하는 시간이 만만치 않게 걸린다. 그런데 왜 카페북을 활용하고 있을까? 이유는 이전부터 사용된 게시판 형태의 검색 기능 때문이다. 에버노트와 소셜 네트워크에 검색 기능이 있지만, 게시판만큼 익숙하고 데이터베이스화할 수 있는 것은 없다고 생각한다. 제목, 내용, 작성자 별로 검색이 가능하고 일자 별로 나열되기 때문이다. 필자가 '글쓰기'라는 단어로 검색하면 연관된 내용은 모두 검색된다. 문서로만 공유하고 있다면 후에 모바일이나 인터넷에서 검색할 때 어려움이 있다. 이와 같이 카페북은 게시판 형태로 검색이 되고 다른 작가들과 정보를 공유하는 데 큰 도움이 된다.

또한, 등급 별로 접근 제한 관리를 할 수 있다. 일반 멤버, 저자 멤버, 강사 멤버 별로 네이버에서 제공하는 5개 멤버 등급을 카페북에 적용할 수 있다. 멤버 별로 접근할 수 있는 콘텐츠를 분리해서 멤버의 혜택 구간을 정할 수 있다. 등급 권한을 부여하는 방법은 뒤에서 자세히 설명하겠다.

카페북 활용 방법을 설명하기 전에 카페북을 어떻게 생성하는지 알아보자.

그림 2-48과 같이 [카페관리] > [메뉴] > [카페북 관리]를 클릭한다.

그림 2-48 카페북 관리

[카페북 생성하기]를 클릭하면 그림 2-49와 같은 설정 화면이 나온다.

그림 2-49 카페북 만들기

[권한 설정]에서는 카페북을 관리하는 사람과 집필진에게 권한을 부여할 수 있다. 카페 게시물 설정과 비슷하다. 목차관리 권한을 주면 해당 구성원은 목차를 추가하고 수정할 수 있다. 단, 글쓰기 권한에서 '저자선정'을 체크하면 해당 구성원은 등급이 되지 않더라도 목차 편집이 가능하다. 그렇기 때문에 '저자선정' 방식으로 했다면 후에 구성원 등급 조정 후에 저자에서 제외해야 글 목차 권한이 없어진다(그림 2-50 참고). '저자선정' 기능이 운영은 어려워도 구성원이 어떤 글을, 언제 수정하고 추가했는지 볼 수 있기 때문에 장기적인 관점에서 유용하다.

그림 2-50 카페북 저자 선정

카페북은 구성원이 책을 함께 쓰는 것이지만 목차는 책을 총괄하는 구성원이 지속적으로 관리해야 한다. 원고를 쓸 때와 같다고 생각하면 된다.

카페에서 별도 양식을 만들어 관리할 수 있다. 이를 위해 그림 2-51과 같이 [카페관리] 〉 [글·글양식] 〉 [글양식]을 클릭한다.

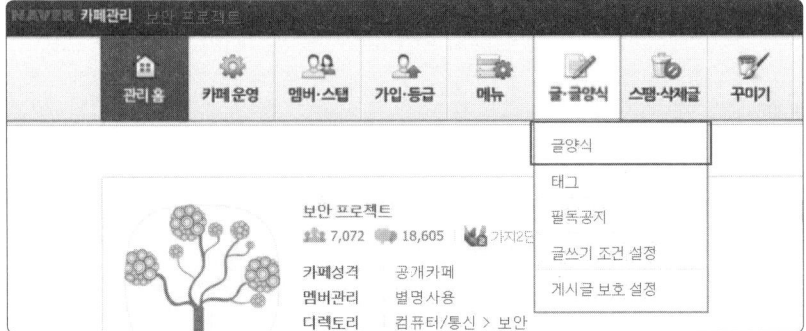

그림 2-51 글양식 메뉴

그러면 그림 2-52와 같이 게시판을 작성할 수 있는 화면이 나온다. 이 양식에 공지에 해당하는 문장을 작성해두면 게시물을 작성하는 구성원은 항상 그 문장을 볼 수 있다. 게시물을 작성할 때 필요한 각종 주의사항을 적어두면 유용하다. 게시물을 작성할 때 출처를 같이 쓰지 않아 후에 원고를 작성할 때 어려움이 발생하는 것을 방지하기 위해 출처를 꼭 붙이라는 문구를 넣을 수 있다.

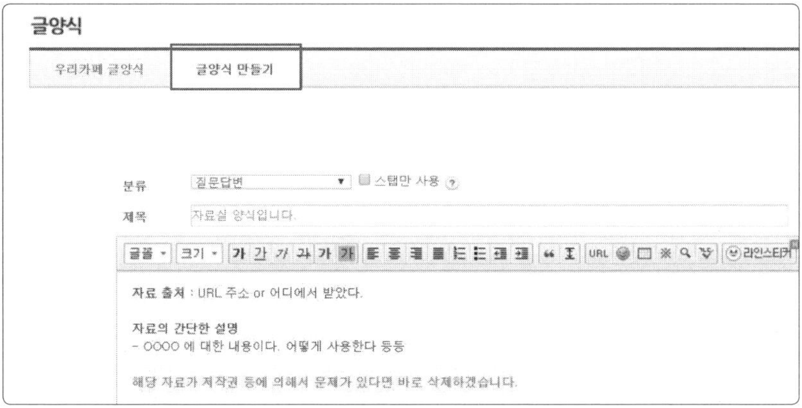

그림 2-52 글양식 만들기

글양식을 만든 후 [우리카페 글양식]을 클릭해서 적용할 게시물을 선택한다. 한 양식에 많은 게시물을 선택할 수 있다. 카페북과 참고자료실 등 유형별로 분류해서 관리한다.

분류	제목	적용된 게시판 (개수)	만든사람	사용권한
질문답변	자료실 양식입니다.	웹/서버 보안 자료실 메타스플로잇 자료실 칼리리눅스 자료실 포렌식 자료실 모바일 보안/위협 네트워크보안 자료실 악성코드분석 자료실 웹진단 자료실 RFID/USN 자료실 문서번역 자료실 해킹대회 자료실 클라우드 자료실 파워쉘 자료실 시큐어코딩 자료실 기타 자료실 최신 보안 이슈 & 동향 (16개)	니키	멤버

그림 2-53 게시판에 글양식 적용하기

[Edit] 버튼을 클릭하면 그림 2-54와 같이 생성된 게시물을 볼 수 있다.

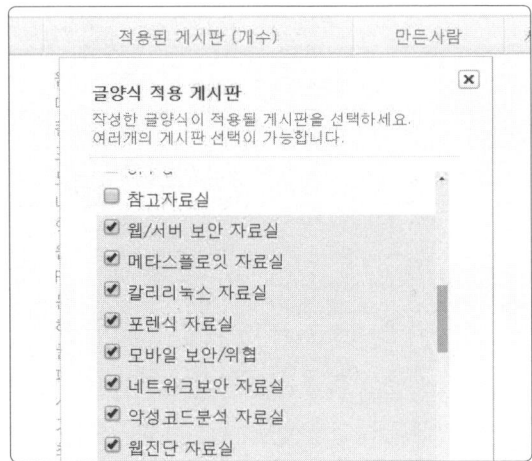

그림 2-54 적용할 게시물 선택하기

카페북을 어떻게 생성하고 구성원에게 어떻게 권한을 부여하는지 살펴보았다. 이제부터 카페북을 어떻게 활용하고, 공동 집필을 할 때 프로젝트 구성원이 어떤 점을 유의해야 할지를 살펴보겠다. 이 유의사항을 잘 지킨다면 어떤 온라인/오프라인 스터디 모임을 하든 카페북을 활용하여 프로젝트를 완성해나갈 때 발생할 시행착오를 줄일 수 있다.

2.5.1 카페북 등급 별 관리

책내기+강의 프로젝트의 경우 스터디 멤버/집필 멤버/강사 멤버 등으로 구분하여 관리할 수 있다. 회사 조직에도 직책마다 접근을 허용하거나 접근을 제한하는 공간이 있듯이 카페북에서도 등급 별로 접근을 제한해야 한다. 대외적인 활동도 진행을 하다보면 일반 멤버를 제외하고 저자와 강사 멤버만 공유해야 하는 주제가 생긴다. 일시적으로 구성원에게 공개되지 않아야 할 운영 계획, 방법론 구축, 자금 운영 계획 등이 이에 포함된다. 카페북에서는 멤버 등급 별로 권한 설정이 가능하다. 카페북에서는 목차 관리, 글쓰기, 덧글쓰기, 읽기에 대한 권한을 설정할 수 있다.

권한을 설정해서 저작권을 보호해야 할 시기가 있다. 집필을 시작한 후 탈고를 마칠 때까지다. 탈고를 할 때는 원고의 통일성을 맞춰야 해서 편집은 1~2명만 진행해야 한다. 많은 사람이 편집에 참여하면 양식도 틀려지고, 책에 쓰이는 문구도 서로 달라서 보기가 힘들어진다. 제일 중요한 시기에 더 어려운 상황으로 갈 수 있다. 그렇기 때문에 이런 권한 설정을 통해서 다른 멤버들이 편집할 수 없도록 설정해야 한다.

'저자선정'을 점검해서 인원 별로 관리하는 것도 좋은 방법이다. 저자선정은 등급 별 권한이 아닌 멤버 별로 권한을 부여하는 것이다. 등급과 상관 없이 권한이 부여된 멤버는 카페북을 수정할 수 있다. 그림 2-55 같이 [글쓰기] 오른쪽에 보면 [저자선정] 체크박스가 있다.

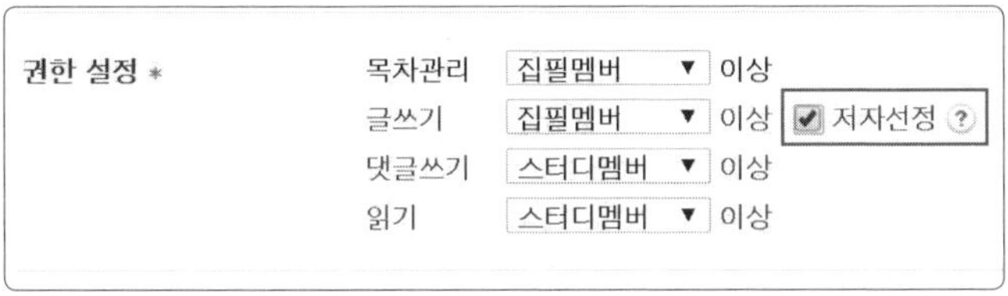

그림 2-55 프로젝트 별 권한 부여

관리자는 [저자선정] 버튼을 클릭하여 멤버들이 어떤 콘텐츠에 참가하고 있는지, 저자에 등록된 멤버들이 누구인지 확인할 수 있다. 저자에 참여한 멤버의 기여도를 정할 때나, 프로젝트에 참여하지 않는 사람을 구분해서 출간할 때 저자에서 제외해야 할 때 이 기능을 활용할 수 있다.

전체 선정 저자 4명			
별명	참여페이지	멤버등급	초대일
풋내기(kwkz****)	[P02] gooscan [P02] Theharves... [P02] p0f [P02] recordm yd... [P02] dnstracer	스터디멤버	2012.10.19.
Windbox(mir0****)		집필멤버	2012.01.04.
DarkSoul(dark****)	[P02] hydra / m... [P02] Cryptcat [P02] whatweb <... [P02] recordm yd... [P02] ferret	카페스탭	2011.08.26.

그림 2-56 프로젝트 참여자 참가 여부 확인

카페북은 일반 게시물보다 관리하는 데 신경 쓸 것이 많다. 저작권 관리도 필요하고 공동 저자의 진행 상황을 수시로 점검해야 한다. 일반 문서로 진행하면서 클라우드 서비스에 같이 올려두고 작업하면 되지 않냐? 라는 의문도 생긴다. 하지만 카페북에 목차를 구성해서 잘 남겨놓으면 나중에 검색 기능을 활용하여 기존 자료를 수월하게 참고할 수 있다. 또한, 교육 과정을 개설할 때도 카페북이 많은 도움이 된다. 그리고 새롭게 참여하는 스터디 멤버들이 기존 멤버가 작성한 것을 자유롭게 보면서 기존보다 더 좋은 콘텐츠를 생산할 수도 있다. 그만큼 좋은 책이 나올 기회가 많아지는 셈이다. 익히고 사용하기가 쉽지 않은 기능인 것은 사실이지만 콘텐츠는 쌓이면 쌓일수록 큰 힘을 발휘한다.

2.5.2 버전 비교 및 복구 기능

네이버 카페북의 좋은 특징 중 하나는 편집한 내용을 토대로 어떤 문장이 추가되고 문장이 어떻게 수정되었는지 비교할 수 있다는 점이다. 자신이 만든 페이지라면 다른 구성원이 변경할때마다 알람이 온다. 그런데 어떤 것이 변경되었는지 모르면 답답하다. 그림 2-57과 같이 [히스토리] 탭을 클릭하면 카페북 페이지의 편집 이력이 나온다.

그림 2-57 카페북 히스토리에서 버전 비교

왼쪽 체크 박스에서 비교할 버전을 선택할 수 있다. 여기서는 제일 마지막에 작성한 것과 바로 이전에 작성한 것을 체크하고 [버전비교] 버튼을 클릭했다.

그림 2-58과 같이 문장이 수정되었다고 결과가 출력된다. '삭제된 내용'과 '추가된 내용'이 각각 다른 색깔로 표시된다. 띄어쓰기가 수정되었다는 것을 확인할 수 있다.

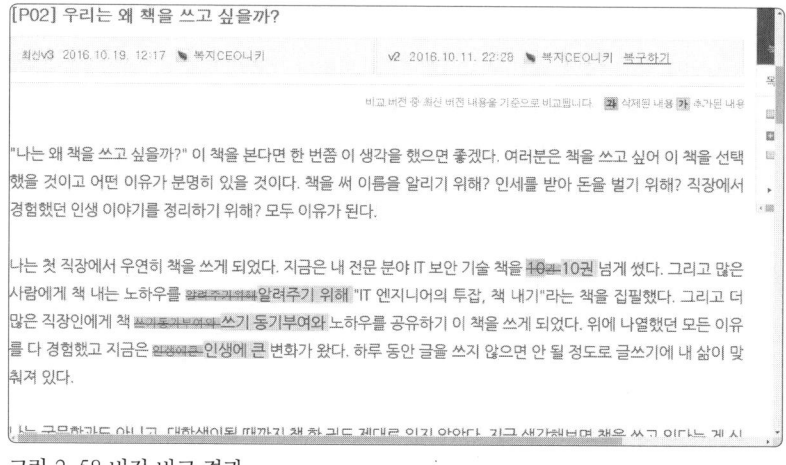

그림 2-58 버전 비교 결과

이 기능을 유용하게 활용할 수 있다. 총괄자가 최종 원고로 옮겨 편집할 때 히스토리 정보를 알면 참고가 된다. 삭제되거나 수정된 내용이 오히려 더 좋은 표현이라서 예전 것을 선택할 수도 있다. 또한, 기존 멤버가 작성한 내용을 총괄자가 첨삭하고 수정하면, 멤버는 후에 자신이 작성한 것과 비교하며 글쓰기를 배울 수 있다.

2.5.3 이미지 저장은 [원본유지]를 체크

원고를 쓸 때 이해를 돕기 위해 그림을 사용하는데 대부분 화면을 캡처한다. 카페북의 사진 추가 기능에서는 기본적으로 가로 크기가 맞춰져 있다. 그러므로 정해진 크기 이상으로 캡처되면 가로 크기에 맞춰 줄어들고, 실제로 업로드되는 이미지에서 명령어나 중요한 부분이 보이지 않기도 한다. 이렇게 줄어든 이미지를 워드 문서로 다시 편집할 때도 이미 줄어든 이미지여서 실제 원고에서 캡처 화면을 사용하지 못하는 상황이 발생한다. 이렇게 되면 이미지를 다시 다 캡처해야 하는데, 그 편집 시간이 어마어마하다.

그러므로 항상 [원본크기]를 선택해야 한다. 모든 이미지를 실제 집필에 사용하지 않고, 인터넷을 통해 멤버들끼리 공유를 할 때도 이 규칙을 지키지 않으면 언젠가 복잡한 상황이 생긴다. 인터넷을 보다가 중요한 화면이 매우 작아서 어떤 내용을 보여주는지 판단이 안 될 때를 경험했을 것이다. 이와 같이 인터넷으로 공동 작업을 할 때는 불필요한 시간을 최대한 줄여야 하기 때문에 적당한 규칙을 세워서 서로 배려할 필요가 있다.

그림 2-59 카페북 원본크기 체크

2.5.4 카페북 작성 후 검색 설정 및 기능 설정 범위

네이버 카페북을 이용함에 있어서 제일 관리하기 힘든 부분이다. 카페북의 기본 설정은 그림 2-60과 같다.

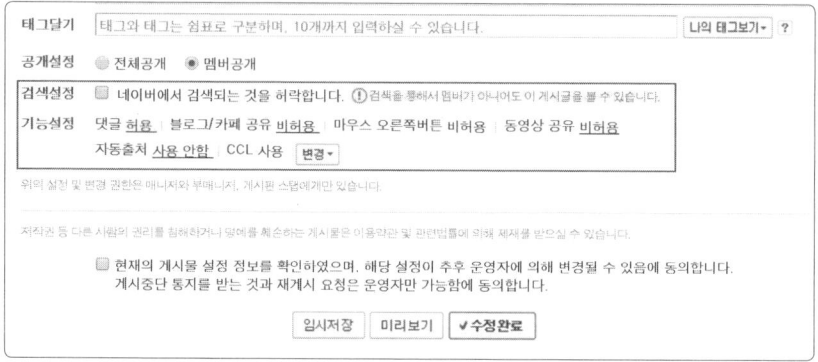

그림 2-60 저작권을 위해 네어비 검색 및 블로그 보내기 제한

[검색설정]은 네이버 검색을 통해 카페 멤버가 아니더라도 검색이 되도록 허용한다. 즉, 카페와 무관한 사람이 단어를 검색하다가 우연치 않게 카페북에 링크된 문서를 클릭해서 내용을 볼 수 있게 한다. 카페 운영에 중요한 컨텐츠이고 집필용으로 작성된 것이라면 권한이 없는 사람들이 퍼감으로써 후에 저작권 문제로 번질 수 있다. 중요한 게시물이라면 이 부분의 체크를 꼭 해제해야 한다. 실제 필자가 출판했던 책의 카페북 내용을 퍼가서 자신의 블로그에 그대로 올렸다가 삭제 요청을 한 적도 있다. 반대로 생각해서, 카페로 유입시켜 마케팅 목적으로 활용하고 싶다면 일부러 검색 기능을 활성화해도 된다. 이와 같이 목적과 때에 따라 검색 기능 활성화 여부를 결정하면 된다.

아래쪽을 보면 [블로그/카페 공유], [마우스 오른쪽 버튼]이 허용으로 설정되어 있을 것이다(여기서는 비허용). 이게 허용으로 되어 있으면 사용자들이 자신의 블로그나 가입된 블로그로 링크를 보내서 내용을 노출하거나, 마우스로 내용을 긁어서 퍼갈 수 있다. 본인이 작성한 글의 저작권은 당연히 본인에게 있기 때문에 어디에 복사해서 공유하던 상관은 없다. 하지만, 프로젝트 멤버끼리도 서로 공유되기 때문에 다른 멤버의 글을 무단으로 퍼가는 것은 방지해야 한다.

공동 집필할 때 주의할 사항

카페북의 주된 목적은 공동 집필이다. 총괄자가 목차를 기획하면 출간에 참여하는 구성원이 하나씩 내용을 채워간다. 총괄자의 역할은 내용을 많이 채우는 것보다 구성원이 프로젝트에 끝까지 참여하고 방향을 잃지 않게 하는 것이다. 그리고 글쓰기 경험이 많으므로 결과물을 더 좋게 만들어가야 한다. 구성원 중 포기하는 사람이 있다면 남아 있는 사람이 부담해야 하는데, 이때는 목표한 일정이 늘어지지 않도록 분담을 빨리 해서 채워야 한다.

초고가 나오면 구성원끼리 다른 문체, 맞춤법, 원고 서식을 맞춰가야 한다. 한 꼭지씩 마무리해서 통일된 문장으로 바꿔나간다. 이때 총괄자의 인내심과 배려심이 많이 필요하다. 원고량에 따라 수개월이 걸릴 수 있다. 필자도 1년에 대여섯 권의 원고를 총괄하다 보면 "내가 왜 이런 수고로움을 반복해야 하지?"라는 생각이 들 때가 있다. 이때는 나올 결과물을 생각하고 앞으로 구성원과 활동할 생각을 하며 끝까지 해내야 한다.

제일 중요한 것은 많은 구성원이 참여하면 글과 그림의 저작권 확인이 꼭 필요하다는 점이다. 단독 집필을 할 때는 자신이 작성했기 때문에 어떤 문장을 인용했는지, 어디서 참고 그림을 가져왔는지 안다. 하지만, 공동 집필자가 많은 경우 문장을 편집하다가 다른 곳에서 가져온 것이라 판단이 되면 구글 검색을 이용해 확인해야 한다. 구글에서 똑같은 문장이 나온다면 다시 써야 한다.

세 번째 이야기 · 강의

-
-
-

세 번째 이야기에서는 책을 쓰고 난 뒤에 필수 사항인 '강의'를 어떻게 기획하고 운영 하는지 살펴보겠다. 저자는 강의를 들을 수 있는 사람들이 모일 수 있게 해야 한다는 것이 필자의 생각이다. 작가와 책을 지속적으로 홍보하고 콘텐츠를 부각시켜야 한다. 강의를 기획하고 운영할 때도 오픈된 IT 서비스를 활용하여 비용을 절감하고 시간을 효율적으로 관리해야 한다.

이 책에서는 무료로 사용할 수 있는 여러 플랫폼을 설명하고 이 서비스를 연결해서 어떻게 운영하는지 노하우를 공개한다. 각 서비스의 기능을 어떤 목적으로 사용하냐에 따라 또 다른 가치를 만들어낼 수 있다. 중요한 것은 비용을 최소화하면서 큰 가치를 만들어내는 것이다.

3.1 책이라는 큰 '도구' 활용

'책 내기' 강의를 할 때 참석자들이 항상 물어보는 질문 중 하나는 '인세'이다. 책을 내면 당연히 '인세가 얼마나 나올까?'라는 궁금증이 생긴다. 그리고 책을 내고 난 뒤에 그 분야에서 베스트셀러로 올라가면 '인세가 꽤 나올 거 같은데?'라는 생각을 하게 된다. 필자도 처음에는 그렇게 생각하고 큰 기대를 했었다. 그러나 책을 낼 때 '인세'만 바라보고 쓰면 안된다.

종합 베스트셀러가 되지 않는 이상 인세는 강의나 월급과 비교해서 보너스 수준이다. 책 한 권을 썼던 후배가 3달 동안 판매한 책의 인세를 처음 받았는데, 생각보다 적은 것에 조금은 실망한 모습을 보였다. 인세만 바라보고 책을 쓴다면, 책을 쓴 의미를 크게 느낄 수 없다. 힘겹게 썼던 책의 보상을 인세로만 충족하기에는 부족하다.

책을 몇 권 썼을 때 몇백만 원 인세 들어오는 것에 행복했다. 분기마다 몇백만 원 입금되면 공동 저자들에게 분배하고 얼마 남지 않아도 좋았다. 월급 이외 수익은 보너스처럼 행복했다.

책을 몇 권 더 출간하면서 '매달 100만 원 정도를 인세로 받으면 좋겠다' 생각했다. 인세만 믿고 살았다. 출간된 책들이 모두 잘 팔릴 것이라 생각했지만 그 생각은 큰 오산이었다. 단순하게 100만 원 X 10권이 아니었다. 어떤 책들은 나온 것도 모를 정도로 판매가 저조했다. 시장이 좁다 보니 정해진 수요층 안에서 판매가 이루어졌고 큰 시장으로 확대되지 않았다. 그 시점에 회사 이직 문제 및 업무 적응 문제로 강의를 나가기가 쉽지 않았다. 책을 힘들게 출간했는데 큰 빛을 볼 수 있는 기회를 놓친 것이다.

저자는 '전문가'라고 인정시켜줄 수 있는 가장 큰 도구 중 하나이다. 강의할 때 사람들을 끌어들일 힘을 가지고 있다. 한두 권의 힘은 약하지만, 대여섯 권의 책이 나올 때 힘이 폭발한다. 강의에 참여한 사람도 강사가 책을 쓰기 전과, 책을 쓰고 난 뒤 수강에 임하는 느낌이 다르다. 나는 1년에 온라인/오프라인 강의 100여 개를 계획한다. 총참여자는 1년에 2000여 명이 된다. 혼자 모든 강의를 소화할 수 없으므로 카페 강사진과 협업을 하고 있다. 만약, 우리가 '책'이라는 결과물을 내지 않고 강의를 추진하였다면, 1년에 이렇게 많은 사람이 모이지 않았을 것이다. 최근에 내가 혼자 집필했던 'IT엔지니어의 투잡, 책내기' 저자 특강으로 '책 내기 노하우'라는 강의를 진행하고 있다. 책을 내지 않았을 때 참여자가 전혀 없었는데, 책이 나온 뒤에 진행하니 회차당 20명 이상이 신청했다. 참여한 사람들에게 물어보니 '강의에 올라온 책을 보고 관심이 있어 참여했다'라고 응답했다. 그만큼 책은 사람을 끌어들이는 힘을 갖고 있다.

책을 쓰면 내가 강의할 때, 혹은 협업 강사가 강의할 때 주교재로 사용된다. 이것은 내가 책을 쓸 때부터 그렇게 될 것이라 생각했던 부분이다. 필자가 책을 쓰게 된 이유 중 하나는 고객사 대상으로 한 교육 때문인데, 교육을 진행할 때마다 교육 자료를 달라는 사람들이 대부분이었다. 교육을 위해 며칠 동안 다른 저자들의 책을 참고하고 만든 문서를 그냥 뺏기는 기분이었다. '내 책이 있었으면 이 사람들에게 부교재로 내 책을 모두 줬을 텐데'라는 생각을 했다. 지금은 강의를 기획할 때마다 필자가 운영하는 카페인 '보안프로젝트'에서 추진한 책을 부교재로 선정한다. 내가 강의를 하든, 후배 강사들이 강의를 하든 우리들이 집필한 책들이 사람들에게 알려진다. 이전에 대학교 강의를 했는데 3일 동안 120여명을 대상으로 하는 교육이었다. 참여자 모두에게 내가 집필한 책이 부교재로 무료 제공되었다. 3일동안 120 권이 추가로 판매되고 강의비 이외에도 인세라는 보너스가 따라온 것이다. 교육을 기획하는 회사에서 몇백 명이 참여하는 교육에 책을 부교재로 선정한다는 연락이 오면 그 기쁨은 저자만이 느낄 수 있는 거 같다.

또한, 강사들이 제일 고민하는 것이 어떤 주제로 강의하고 어떤 내용을 담을지이다. 컨설턴트를 할 때 고객사에서 급하게 요청하는 강의에 당황할 때가 많았다. 강의 자료도 없는 상태에서 며칠만에 준비하려면 매번 야근을 하게 된다. 책을 쓴 강사 입장에서는 별도로 교육 계획을 세울 필요가 없다. 책을 쓰기 위해 많은 시간과 노력을 들였기 때문이다. 책을 쓰기 위해 수십 권, 수백 권의 자료를 참고해서 정리해 놓기 때문에 자료를 만들 때 수월하다. 책의 목차를 몇 개 뽑아서 사용해도 된다. 이보다 더 좋은 교육 목차는 나올 수 없다. 그만큼 책쓰기와 강의는 하나라고 생각한다.

3.2 교육은 저자의 설 자리를 지키는 것

작가는 글로 가치를 만들어내는 사람이다. 필자만이 가지고 있는 경험과 이야기를 글로 만든다. 후에 이 글을 가지고 사람들에게 강의하고 코칭할 수 있어야 한다. 이렇게 해서 스스로 보상받을 수 있는 가치를 만들어야 한다. 다른 사람이 하지 못한 일을 만들면서 차별화해야 사람들을 끌어올 수 있다.

이 원리가 작가에게만 해당되는 것은 아니다. 한 지인이 컨설턴트로 일하면서 강사로도 활동하고 있다. 가끔 만날 때면 항상 입버릇처럼 "요즘은 그래도 A 대표님이 일거리를 줘서 살 만합니다. 몇 달 전에는 B 대표님이 주신 일을 했습니다"라고 말한다. 누군가 만들어낸 일을 받기만 한 셈이다. 이런 삶은 자신의 가치를 크게 높일 수 없다. 경기가 조금 어려워지면 그 일거리는 바로 없어진다. 자신의 튼튼한 배가 없으므로 작은 풍랑에도 바로 휩쓸리게 된다.

당장 반응이 없더라도 자신이 직접 일을 만들어 사람들이 그 가치를 살 수 있게 해야 한다. 작은 강의라도 열고 사람들을 맞이해야 한다. 처음에 이득이 남지 않더라도 그 강의에 최선을 다해야 한다. 사람들이 가치를 알아가기 시작할 때 콘텐츠를 하나씩 더해가면서 튼튼한 배를 만들어가야 한다.

온라인 커뮤니티를 만들고 책을 쓰는 과정에서 다양한 교육을 추진하고 있다. 초창기에는 책이 출간된 후 책 홍보 차원에서 교육을 진행했고, 지금은 구성원들과 큰 부가가치를 낼 수 있는 시스템을 만들기 위해 오프라인, 온라인 강의를 진행한다. 교육을 진행하면서 생각치 못한 큰 기회들을 얻었고,

콘텐츠의 중요성을 절실하게 깨닫고 있다. 앞으로 콘텐츠의 힘이 더욱 커질 것이라 판단하고 시작했지만, 실제 그 힘을 느끼니 더욱 욕심이 생긴다.

필자가 교육을 진행하게 된 구체적인 이유는 많이 있다. 그중에서 중요한 몇 가지를 살펴보겠다.

지식을 공유하여 시장에 좋은 영향을 줄 수 있다

필자는 강의를 추진할 때 강사비만 나오는 수준이면 무조건 추진한다. 교육의 첫 번째 목표는 그 분야를 진로로 선택한 사람과 관심 있는 사람들에게 널리 알리는 것이기 때문이다. 많은 사람이 알게 되고 콘텐츠가 많아야 시장이 커진다. 누군가 시장을 키울 것으로 생각하고 마냥 기다린다면 자신도 그 분야에서 있을 곳이 없고 후배들도 설 자리가 없어진다. 후배들이 그 분야를 선택하지 않으면 경쟁자가 없어지는 것이 아니라 시장에서 사라지는 셈이다. 대중들의 귀까지 들어가야 "이 분야가 그렇게 전망이 좋다고 하던데요"라는 소리를 듣는다. 자신들만의 리그가 아니라 수혜자들에게 감동을 줄 수 있게 해야 비로소 자신의 가치를 최고까지 높일 수 있다.

교육 자료와 과제 결과물이 만들어지면서 지식이 정립된다

잘 알아야 교육을 할 수 있는 것은 아니다. 여러 책과 자료를 읽고 정리하여 다른 사람에게 쉽게 전달하는 것이 교육이다. 교육 자료를 만들면서 지식을 정립할 수 있다. 정해진 교육 시간 안에 전달할 목차를 만들어내고 알맞은 콘텐츠와 그림을 넣는다. 이것은 책을 쓰는 것과 같은 활동이다. 교육 자료를 후에 책으로 내도 되고 책을 쓰고 교육 자료를 만들어도 된다. 중요한 것은 한 주제를 깊이 공부할 기회가 주어진다는 점이다.

교육을 추진하면서 후배 강사들에게 많은 것을 배우고 있다. 1주일에도 수많은 콘텐츠들이 생성되고 있다. 온라인/오프라인 강사들이 교육 자료를 만들고 동영상을 만들어 보내주면 의견을 준다. 독자 입장에서 바라보고 진행 상 문제가 될만한 사항, 이론과 실습의 비율, 교육 분량, 목소리 크기 등을 검토한다. 업무를 하느라 교육 받으러 갈 시간이 없었는데 후배들의 교육을 통해 역량을 자동으로 강화하고 있다. 필자가 이 많은 강의를 듣기 위해서는 한 달에 수백만 원의 비용을 지불해야 하는데, 무료로 들을 수 있고 강사와 1:1로 대면할 수 있다는 게 얼마나 큰 혜택인가?

멘토 과정에서는 교육이 끝나면 항상 과제를 제시한다. 과제는 교육과 관련된 내용으로 심화 학습 목적을 두고 있다. 팀 별 과제, 개인 별 과제가 주어지고 분석 결과 보고서가 작성되면 검토를 한다. 필자가 멘토를 한다고 해서 과제에 제시된 모든 기술을 알 수는 없다. 큰 방향만 제시하는 것이고 팀원 별 능력 차이로 과제의 질과 양이 결정된다. 필자가 생각치 못한 부분까지 연구를 해서 낸 보고서를 보면 필자가 오히려 큰 배움을 얻는다. 1주일에 수백 장의 보고서를 검토해야 하기 때문에 전문서 한 권 이상을 보는 효과가 있다. 과제를 제시할 때도 평소에 하고 싶었는데 같이 할 연구원이 없어 진행하지 못했던 것 중심으로 하니 의미 있는 콘텐츠가 만들어진다.

강사들에게 큰 동기를 부여할 수 있다

교육하면 강사비를 받는다. 필자는 책 홍보나 아이들 후원 목적이 아니라면 무료 강의를 좋아하지 않는다. 강사들이 준비한 시간 이상의 보상을 해주어야 하기 때문이다. 무료를 강조하면 스터디하는 것 이상의 만족이 없으며, 이렇게 되면 오래 가지 못한다. 경제적인 요소를 해소해주고 좋아하고 잘할 수 있는 콘텐츠를 더 개발하여 공유할 수 있는 선순환 구조가 필요하다. 그래야 서로 응원하며 멀리 높게 갈 수 있다.

필자는 이전부터 후배들에게 "1억을 벌게 해줄께. 나한테 1천만원을 주라. 이렇게 10명만 되어도 나도 1억을 벌 수 있으니까"라는 이야기를 농담식으로 했다. 짧게 던졌던 이 한마디는 내 마음 한 구석에 자리 잡았다. 실천하기 위해 후배들을 더 높이고 더 빛나게 해주었다. 저자로 만들어주고, 강사로 활동할 수 있는 환경을 만들어줬다. 후배들이 호평받을 때마다 너무 기뻤다. 내 직감이 맞았기 때문이다. 필자가 선택한 친구들은 모두 그 분야에서 최고가 될 거라 믿었기 때문이다.

스피치 능력이 남다른 친구들은 꼭 강사를 해야 한다. 자신의 책을 집필하고, 강의를 하고, 코칭을 해서 후배 강사를 양성하는 것은 중요한 일이다. 어떤 일보다 더 대단한 일이다. 자신이 좋아하는 공부를 편하게 하고 자신의 언어로 표현하고 전달할 수 있는 능력을 키워서 그 분야에서 최고가 되길 바라는 마음이 있다. 그래야 같이 여러 지역을 돌아다니며 많은 사람들에게 지식을 전할 수 있다. 이런 활동이 이루어져야 해당 분야의 시장을 키우고 앞으로 후배들이 설 수 있는 자리가 생긴다.

스터디만으로 멈추면 안된다. 스터디하는 목적을 생각해보자. 왜 우리는 자기계발을 하고 있는가? 다른 사람을 위해서? 봉사하기 위해서? 아니다. 우선은 자신이 잘 되어야 한다. 경제적인 안정은 당연하고 풍요로움이 있어야 한다. 그래야 다른 사람들을 위해 더 봉사할 수 있고, 사회를 위해 힘쓸 수 있다.

그래서 후배 강사들에게 비즈니스적인 마인드로 접근하라고 한다. 모든 지식은 가치가 되어 다른 사람들의 시간을 벌 수 있게 해야 한다. 작은 지식도 가치를 만들어내 시장에 팔 수 있어야 한다.

강사가 가지고 있는 지식을 밖으로 끄집어내야 한다. 다른 사람들 앞에서 강의하는 것은 참 어려운 일이다. 한두 시간 강의하려면 그 강의를 위해서 몇 배의 준비 시간이 필요하다. 강의비는 그 준비하는 시간까지 보상하는 수준이어야 한다. 준비를 하면서 자신의 지식을 충분히 표현하고 여러 번 연습해야 한다. 이 과정을 지켜보는 나도 자연스럽게 지식을 얻을 수 있다. 이런 기회를 갖지 못한다면 영원히 내면에 있는 지식으로 끝날 수 있다.

책을 팔아 인세를 받거나 누군가 불러주기만을 기다려서는 노력의 대가를 제대로 받을 수 없다. 가치를 높이는 데 한계가 있다. 힘을 모아 콘텐츠를 유통하고 사람들이 마음껏 참여할 기회를 만들어야 한다. 몇 년을 고생하여 훌륭한 책을 썼다면 상응하는 보상을 받아야 한다. 콘텐츠를 여러 플랫폼에 적용할 수 있는 방법을 연구하고 최고의 수익 시스템을 만들 수 있는 것은 교육이다.

저자+강사가 해야 할 일

필자의 후배들이 책을 쓰고 강사가 되었다고 하더라도 최종 목표를 달성한 것은 아니다. 이제 시작일 뿐이고 시장에서 이겨낼 준비를 해야 한다. IT 엔지니어 출신이 많다 보니 비즈니스 모델까지 고민하지 않는 경우가 많다. IT 분야뿐만 아니라 다른 분야에 속한 저자도 똑같은 상황일 것이다. 책이 나온 뒤에 한두 번 강의는 하지만 오랫동안 지속하지 못하는 이유는 많다. 저자로서 전문 강사의 길로 들어섰다면 '1인 창업'을 하는 것이다. 그렇다면 자신의 콘텐츠에 책임을 지고 오랫동안 활동을 해야 한다. 저자와 강사를 함께하는 이들에게 당부하고 싶은 이야기를 몇 가지 정리한다.

첫째, 콘텐츠를 생산하지 않으면 강사 생활은 오래가지 못한다. 어떤 책을 보더라도 자신의 목적에 맞게 읽자. 최소한 강사로 진로를 선택했다면 '이 내용을 전달해주면 좋을 거 같은데? 한번 직접 가르치면서 배워보자'는 자세와 함께 전달하고 싶은 내용을 교육 자료에 계속 반영해야 한다. 가르치고 과제 리뷰하다 보면 놀랍도록 많은 콘텐츠가 쌓이고 있을 것이다. 평가를 두려워하지 마라.

둘째, 이미 기반을 잡은 사람을 겨우 몇 번 해서 이길 수 있겠나? 몇십 년 한 사람과 이제 시작한 사람과 비교가 될 수 없다. 시장에 뛰어든다면 그 사람들보다 몇 배 이상으로 노력해야 한다. 승부가 싫다면 다른 시장을 만들어내면 된다. 다른 시장을 만드는 데 몇 년 걸릴 수 있지만, 일단 만들어내면 그 시장에서는 여러분이 선발 주자가 된다.

셋째, 한 명이 오든, 두 명이 오든 참여자를 위해 최선을 다하라. 자신이 직접 주최하는 교육은 한두 명이 와도 해야 한다. 손실부터 판단하면 시작도 하지 못한다. 시작해야 사람들이 강사의 이름과 과정을 알아가고, 필요할 때 찾게 된다. 주위에서 교육하고 싶어하는 사람을 많이 보는데, 시작도 하기 전에 많은 기대를 하고, 많은 걱정을 한다. 몇 명이 올지, 어떤 사람이 참석할지 예측은 불가하다. 계속 추진했음에도, 사람이 모이지 않는다면 콘텐츠에 문제가 있거나 전달하는 것에 문제가 있을 수 있다. 아니면, 마케팅이 제대로 되고 있지 않았을 수 있다. 문제가 될만한 것을 하나씩 고쳐나가며 계속 도전해야 한다.

이 과정은 매우 힘들다. 정기적인 수익이 있을 때면 여유롭게 고민도 할 수 있겠지만, 어려운 시기를 넘어서지 못하면 강의를 다시 추진할 용기가 나지 않는다. 많은 공부를 하고, 더 많은 시도를 하고, 시행착오도 겪으며 이겨나 갈 수밖에 없다.

교육을 추진할 때 고려한 것

10년 이상 "내가 교육 기획자라면 어떻게 할까?"라는 고민을 했다. 다른 교육센터에서 진행하는 교육에 지속적으로 관심을 가지면서 내 미래를 설계했다. 지난 몇 년 동안 교육을 추진하는 데 집중했다. 교육을 추진할 때 아래 사항만 고려했고 이에 포함된다면 바로 실행을 했다.

첫째, 다른 교육센터에서 시도하지 않은 것을 해본다. 국내에서 다루지 않는 콘셉트를 먼저 선택한다. 예전과 다른 방향인 교육이다. 주제는 같더라도 교육 시나리오를 다르게 기획하면 새로운 교육이 탄생한다. 강사가 좋아도 계속 같은 내용으로 한다면 뻔한 강의가 된다. 강의할 때마다 새로운 것을 시도해보고 내용도 지속적으로 바꿔본다. 오프라인 교육으로 제한이 있다면 온라인으로 추진해본다. 온라인, 오프라인을 병행하여 공부 시간을 효율적으로 사용할 수 있게 하는 방식도 선택한다. 어떻게 차별화할 것인가를 끊임없이 고민해야 한다.

둘째, 어떤 것을 배우고 싶을까를 먼저 생각한다. "사람들이 무엇을 좋아할까? 학생들은 어떤 강의를 듣고 싶어 할까?" 등 고객들이 필요로 하는 강의를 추진한다. 강사가 의욕에 앞서 이것저것 많이 다루고 있지만 듣는 사람들의 눈높이와 원했던 강의 내용을 만족시켜 주지 않으면 좋은 강의가 될 수 없다. 피드백을 감사히 받고 다음 강의 때 어떤 것을 고치고 추가로 다뤄야 할지 생각하고 반영해야 한다.

셋째, 꼭 듣고 싶은 강의가 있다면 강사를 초빙해 만든다. 강의를 이것저것 추진하다 보면 운영에 신경 쓰다 보니 정작 내가 배울 시간이 더욱 부족해진다. 다른 조직이 추진한 강의에 가고 싶지만, 시간이 겹쳐 참여가 힘들 때가 많다. 사람들이 좋아하고 추진하는 사람도 끌리는 강의라면 한 번쯤 시도해볼 만하지 않을까? 직접 강사를 초빙하여 강의를 추진해보자. 강의비는 참여자들과 나누면 된다. 많은 참여자를 모을 수 있다면 돈을 벌면서 강의를 들을 수 있는 기회가 생긴다.

3.3 오픈 플랫폼을 활용한 강의 추진

먹는 방송(먹방)을 보면 백종원 대표가 많이 등장한다. 동네에서 어떤 위치든 둘러보면 가맹점이 보일 정도로 분포가 많이 되어 있다. 주위 소규모 상인들의 원성이 높아지고 있지만, 대중들은 백종원 대표의 손을 들어주고 있다.

왜 그럴까? 나쁜 재료를 쓴 것도 아닌데 제공되는 음식이 풍부하고 가격도 저렴하다. 특히 백다방의 음료수 가격은 다른 브랜드보다 2배나 싸다. 그러므로 사람들은 몰린다. 판매하는 사람도 제품을 많이 팔아 좋고 사는 사람도 저렴한 가격에 구매를 하니 좋다.

교육도 마찬가지다. 마케팅 비용을 많이 쓰고 교육비를 너무 비싸게 받는 사례가 있다. 최고의 교육장에서 진행하고 외국인 인사를 초청했다고 참여자들에게 모두 부담을 주는 경우가 있다. 회사에서 매년 사용하는 교육비로 참여하는 것을 제외하고 개인이 참여하기에 너무 부담스러워진다. 어떤 시장이든 개인들이 진짜 원하는 것을 위해 돈을 투자할 때 시장이 커진다고 생각한다. 나도 자금이 있었다면 원하는 기능을 모두 포함시켜 서비스를 개발했을 것이다. 하지만, 투자를 한다고 해서 사람들이 강의를 듣는다는 보장도 없고 참여자에게 부담을 주지 않는 금액으로는 손익분기점을 뛰어 넘기 힘들 것이라 생각했다. 학생들이 최대한 많이 참여할 수 있는 강의를 만들고 싶었고 비용을 어떻게 줄일 수 있을지 고민했다.

그래서 선택한 것은 수수료를 조금 더 주더라도 오픈되어 있는 서비스를 이용하는 것이었다. 아래 그림을 보면 필자가 어떤 오픈 플랫폼을 이용하는지 한 눈에 볼 수 있다. 홍보 채널은 몇 달만에 만들어지는 것이 아니다. 그 분야에서 몇 년동안 꾸준한 활동을 하여 나의 글을 기다리는 사람들을 만들어야 한다. 필자가 애용하는 온오프믹스는 결제 대행도 하지만 필자가 올린 강의들을 실시간으로 홍보해 주기도 한다.

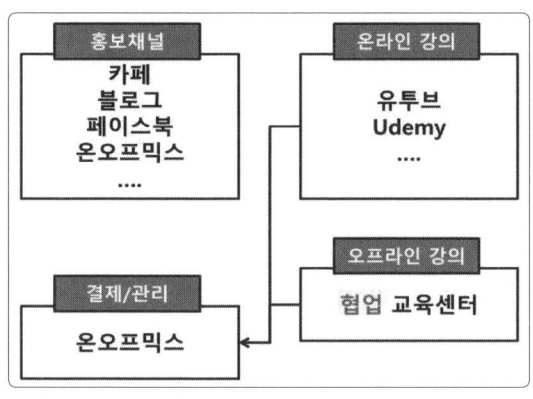

그림 3-1 오픈 플랫폼

온라인 강의로는 세계적으로 많이 사용하는 유튜브와 유데미가 있다. 필자가 처음 온라인 강의를 추진할 때는 유튜브의 비공개 기능을 이용해서 사람들과 공유했다. 비용이 전혀 들지 않지만 수동으로 참여자의 이메일를 이용해서 공유하기 때문에 강의가 많아질수록 운영상 시간이 많이 소요되었다. 그래서 일정 수수료를 주고 운영을 대행해주는 곳을 찾게 되었고 출판사 온라인 강의와 글로벌 동영상 유통 서비스인 유데미를 선택하게 되었다. 강의비의 20~30%를 서비스 이용료로 지불해야 하지만 시간과 비용을 비교하면 충분히 고려할 수 있는 서비스였다.

오프라인 강의에서 임대료는 협업 교육센터를 통해 많이 줄였다. 서로 같이할 수 있는 강의들을 추진하고 교육센터를 홍보하는 대가로 임대 비용을 줄일 수 있다. 온라인 강의를 추진한다고 하더라도 오프라인 강의를 원하는 독자들이 많으므로 오프라인 강의를 지속해야 한다. 오프라인 강의에 참석했던 사람들이 또 온라인 강의에 관심이 있어 많이 신청하므로 시너지를 높이기 위해서는 같이 추진해야 한다.

교육을 추진하고 싶은데 아직도 자본금을 고민하고 있는가? 주위에 너무 좋고 많은 플랫폼이 존재한다. 이제는 집에서 촬영하고 수많은 유통 서비스를 이용해서 자신의 지식을 알릴 수 있다. 교육 서비스를 손쉽게 만들어 주는 플랫폼 형태의 서비스도 나오고 있다. 클릭 몇 번만으로 자신이 원하는 온라인 강의를 공개할 수 있고 모바일 페이지도 자동으로 생성해준다. 앞으로 이런 플랫폼은 계속 생길 것이다. 우리는 이런 서비스를 이용하여 자신의 지식이 최대한 많이 유통될 수 있도록 해야 한다. 하나의 서비스에서 유통하면 하나의 수익 파이프가 생기지만 또 다른 서비스에서 유통하면 또 다른 수익 파이프가 생긴다. 누군가 강의를 불러줄 것으로 생각하고 하염없이 기다리지 말고 당장 자신의 지식을 빨리 대중들에게 알리는 행동을 해야 한다.

3.4 온오프믹스 플랫폼을 왜 사용해야 하나

강의를 추진할 때 어떤 것을 이용해서 참석자를 모집할 수 있냐를 고민했다. 처음에는 구글 독스(Google Docs)를 이용해 참석자를 모집했다(1.4절의 구글 질문지 활용과 동일). 이 방법도 나쁜 것은 아니다. 결제가 필요 없는 무료 모임이나 설문지를 포함해 구글 기능과 융합하고 싶다면 구글 독스를 이용해도 된다. 하지만 유료 모임으로 결제 서비스가 필요하고 참석자를 관리해야 한다면 시간과 비용의 효율성을 따져서 구글독스 외에 다른 서비스를 고려해야 한다.

필자는 온오프믹스 모임 플랫폼(http://onoffmix.com)을 선택했다. 이와 비슷한 지식 공유/모임 서비스는 많지만, 대표 선두 사이트의 장점은 매우 크다. 참여자 신청, 결제, 참여자 관리를 수동으로 직접 할 때와 비교해서 매우 편리하다는 것을 알 수 있다.

그림 3-2 온오프믹스를 이용한 강의 추진

온오프믹스를 이용하면 어떤 이점이 있는지 살펴보자.

첫째, 다양한 결제 방법이 있다. 참석자들 대부분 카드 결제를 한다. 카드 결제/가상계좌 등을 개인별로 신청받기 힘들다. 혼자 운영할 때 이 많은 사람의 요청에 다 대응하는 것은 불가능에 가깝다. 회사에서 비용을 지원받는 참석자들은 거의 카드결제나 현금영수증 처리가 필요하다. 세금계산서 발행을 요청할 때도 있다. 많은 사람이 참석할 기회를 주기 위해서는 결제 대행 서비스가 필요하다. 온오프믹스가 대행하는 대가로 수수료를 많이 받을 것이라 착각하는 경우가 있다. 절대 그렇지 않다. 기본 결제 수수료만 받고 있으며, 온오프믹스는 다른 플랫폼을 통해 수익을 내는 비즈니스이다.

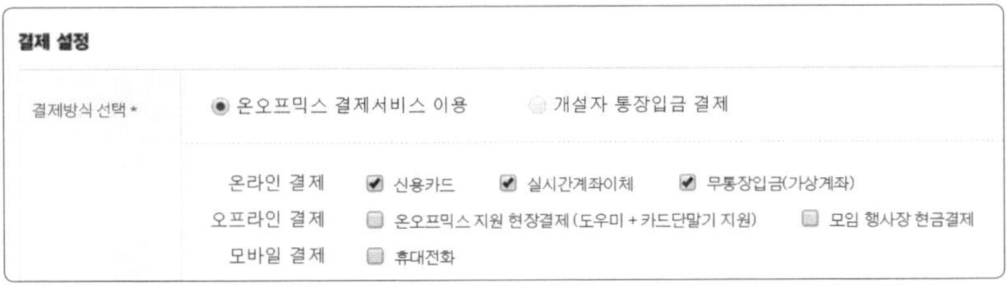

그림 3-3 온오프믹스 결제 방법 선택

둘째, 예상 참석자가 채워지지 않아 환불 조치를 해야 할 때 오픈 플랫폼에서 한번에 처리 가능하다. 직접 모집을 해서 현금을 받으면 한 명 한 명 계좌번호를 물어보고 환급을 해주어야 한다. 개인 정보 수집 문제도 있고, 참석 희망자가 많을수록 걸리는 시간이 배가된다. 구글독스에서 개인 계좌로 신청을 받았을 때 환불하는 데 어려움을 많이 경험했다. 참석 예정인 사용자에게 메일이나 메시지를 보내 한 명씩 계좌번호를 받아 손수 환급했다. 반나절을 환급 처리하느라 시간 낭비할 때도 있었다. 온오프믹스에서는 5분이면 모두 처리된다. 완전 자동 처리는 아니어도 고객 게시판의 요청으로 빠르게 처리할 수 있다. 가상 계좌를 포함해 일부 결제 수단에는 환불 요청

수수료가 있지만 시간을 낭비하는 비용과 비교할 정도는 아니다.

강의를 추진하면서 환불 조치 기능의 감사함을 더욱 깨닫게 한 사례가 있다. 오프라인 4주 강의를 추진했었다. 참석자들에게는 일시불로 강의비를 받았는데 1주일 진행하다 강사님의 사정으로 진행하지 못하는 상황이 발생했다. 참석자들에게 전액 환불 조치를 결정했다. 이때 1주차 모임 기간이 종료되었지만 온오프믹스에서 아직 정산을 받지 않은 상태인지라 조심스럽게 문의를 했다. 온오믹스에서는 흔쾌히 환불 조치를 도와준다고 해서 통화 5분도 안되어 필자의 시간을 아낄 수 있었다.

셋째, 참석자들에게 메일 및 문자 메시지로 공지사항을 한번에 보낼 수 있다. 강의하기 전에 일정이나 장소에 변수가 생기면 참석 희망자에게 이를 공지해야 한다. 플랫폼 없이 하려고 하면 모든 연락처를 입력해서 문자를 보내야 한다. 많이 번거롭다. 오픈 플랫폼을 이용하면 결제자 및 대기자들에게 한 번에 연락할 수 있다.

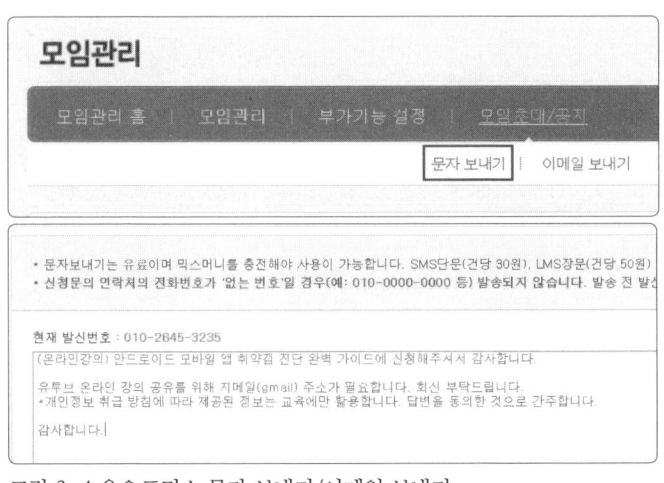

그림 3-4 온오프믹스 문자 보내기/이메일 보내기

문자 보내는 가격이 단문 30원/장문 50원이지만, 이 정도 가격은 불편함의 낭비 시간보다 매우 적은 금액이다. 이 책에서 제시하는 유튜브 강의를 공유하려면 지메일 주소가 필요한데 참석자에게 지메일 주소가 없을 때 이 기능을 이용해서 답변을 받기도 했었다.

강의를 홍보할 때도 문자 공지를 활용할 수 있다. 대기자 신청만 해두고 결제를 미루고 있는 사람이 많다. 꼭 모임 신청 마지막 날이 다가오면 참석자로 변경하거나 신청 날짜가 끝나고 난 뒤에 문의가 오는 사람이 있다. 오프라인 모임은 어느 정도 참석자가 있어야 모임을 확정할 수 있기 때문에 3~5일 전쯤에 대기자에게 문자 메시지를 보낸다. "대기 신청한 모임에 결제까지 확정을 해야 참석이 가능합니다"라고 하면 대기자가 참석자로 유입된다.

넷째, 오픈 플랫폼에 강의를 올리면 마케팅 효과를 볼 수 있다. 저자 무료 강의에는 사람들이 많이 몰린다. 사람들이 몰리면 인기 모임으로 메인 페이지에 링크된다. 많은 사람이 이용하는 플랫폼에 자신의 책이 자동으로 홍보된다. 투자 없이 마케팅 효과를 낼 수 있는 셈이다. 자신이 운영하는 블로그나 카페보다 더 큰 마케팅 효과를 누릴 수 있다. 필자도 '책 내기' 무료 강의를 처음 했을 때, 많은 사람들이 온오프믹스에 올라온 링크를 보고 신청했고, 1주일도 안 되어 조기 마감되었다. 계산을 해보면 평균적으로 15~20%는 온오프믹스의 검색과 노출을 통해 유입되었다. 또한, 온오프믹스 강의 댓글에 답글을 달았을 때 페이스북과 트위터 등에 공유되면서 강의 홍보가 자연스럽게 이루어질 수 있다. 너무 자주 하면 거부감이 있겠지만 정기적으로 답변을 달아주며 마케팅 효과를 누리기 바란다.

또한, 온오프믹스 개설할 때 페이스북과 트위터 등에 공유되면서 강의 마케팅이 자연스럽게 이루어질 수 있다. 너무 자주 하면 거부감이 있겠지만 적절하게 사용하면서 마케팅 효과를 누리기 바란다.

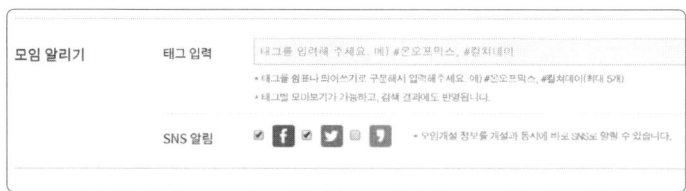

그림 3-5 SNS 연동

다섯째, 할인 쿠폰 기능이 있어 이벤트에 활용할 수 있다. 할인 쿠폰은 금액과 할인율로 자유롭게 선택할 수 있다. 발급된 쿠폰 링크로 등록하면 결제에서 할인 금액만큼 제외되고 결제된다. 금액과 %로 설정이 가능하다. 이벤트성으로 할인 쿠폰을 발급하여 강의 결제까지 유도할 때 사용한다. 오픈 플랫폼을 사용하지 않는다면 쿠폰을 직접 만들어야 하고, 배급할 때도 발급된 쿠폰이 맞는지 확인해야 하는 어려움이 있다.

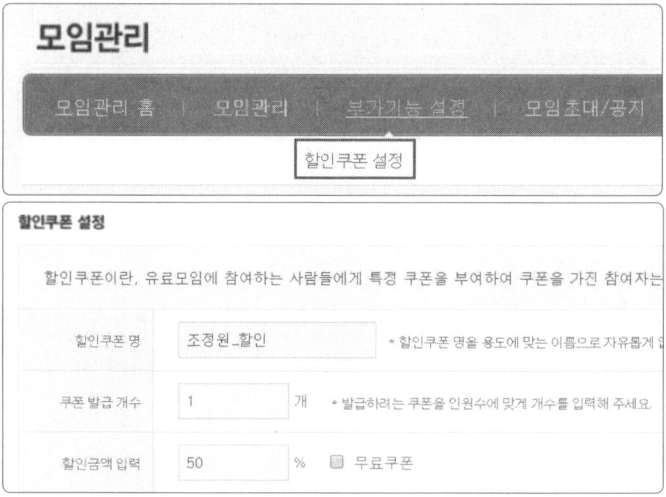

그림 3-6 온오프믹스 할인 쿠폰 발행

3.5 제일 신경 쓸 장소 임대, 교육센터와 협업하기

유료 강의든 무료 강의든 오프라인 강의에서 제일 신경 쓰이는 것은 모임 공간이다. 교육센터를 직접 보유하고 있다면 바로 추진을 할 수 있지만, 참여 대상의 지역과 인원을 고려하면 한 달 전부터 예약을 해야 하는 상황도 발생한다. 20명 이상 모일 수 있는 공간은 지역 별로 많지 않고 비용도 만만치 않다. 접근성이 좋다고 임대 비용을 많이 책정해서 참여자에게 부담을 주면 그만큼 참여자 수가 줄어든다. 비용을 최대한 줄이면서 강의 주제와 맞는 강의실, 쾌적한 곳을 많이 알아두는 것이 좋다.

또한, 20명 이상의 공간을 예약하려면 보증금을 맡기는 경우가 많다. 참여 예상 금액의 20%까지 부담해야 하는 경우도 있다. 또한, 최소 참여 인원이 정해져 있어 그 인원만큼 참여하지 않으면 임대료가 부담된다. 강의 공지를 했는데 사람이 모이지 않아 취소한다면 보증금은 그대로 없어진다. 사람이 모이지 않았다는 실망감과 보증금 부담이 같이 오기 때문에 이후에 강의를 추진할 때 망설이게 된다. 임대료 부담만 없애도 강의를 추진할 때 훨씬 수월해진다.

스페이스 클라우드(https://spacecloud.kr)와 온오프믹스 스페이스(http://onoffmix.com/place)에서 강의실의 위치, 가격, 사진 등을 미리 볼 수 있다. 적은 금액임에도 불구하고 훌륭한 강의 공간도 있고, 한적한 공간으로 장기간 임대 협의가 가능한 곳도 있다.

그림 3-7 스페이스 클라우드 홈페이지

교육센터가 추구하는 비전과 같다면 협업을 하는 것이 제일 좋다. 사업을 서로 도와주면서 센터의 공간을 최소 비용으로 지원받을 수 있다면 교육을 진행하기가 수월하다. 서로 잘할 수 있는 것에 집중하면 서로 큰 기회가 온다. 나는 몇 곳의 교육센터에서 공간을 지원받으면서 강사를 공유하고 교육 콘텐츠도 같이 기획하고 있다. 내가 주간에 운영할 수 없으면 센터에 운영을 직접 부탁한다. 이때는 내가 수익을 가져올 이유가 없다. 협업하는 교육센터와 해당 강사가 직접 연결해서 기획하게 하면 된다. 강사 입장에서도 주간에는 교육센터에서 주관하고, 저녁에는 내가 주관한다면 강의할 기회가 많아지는 셈이다. 교육센터는 공간이 자주 비어 있으면 좋지 않은 것이다. 많은 사람이 와서 공간을 활용하고 교육 과정이 자연스레 사람들에게 알려지게 하는 것이 중요하다.

출판사가 세미나실을 보유하고 있다면 요청을 해도 된다. 저자 강의는 출판사에서 반가운 일이다. 저자가 많은 강의를 하고 다닐수록 책 판매에 큰 도움이 된다. 책이 나온 뒤에 첫 강의는 출판사의 지원을 최대한 받자. 몇 출판사는 저자 특강 동영상 강의를 찍어 판매하는 사업도 한다. 저자가 직접 강의를 한다면 다른 강의보다 더 효과적이고 듣는 사람도 신뢰를 한다. 출판사 입장에서는 일석이조의 효과를 누릴 수 있기 때문에 저자와 협업을 해서 콘텐츠를 다양한 경로로 유통하는 것이 좋다.

이 책에서 강조하는 것은 저자가 되어 강의를 추진할 때 '비용을 최소화'하면서 활동할 수 있는 방법이다. 장소 임대로 인해 강의 추진하는 데 어려움이 있고 실행할 수 없다면 책을 쓴 보람과 보상이 올 수 없다. 주위에 협업을 할 수 있는 곳이 많이 있으니 적극적으로 찾아보기 바란다.

3.6 유튜브를 이용한 강의 공유

유튜브는 세계에서 제일 많은 동영상 콘텐츠를 공유하고 있는 구글 서비스 중 하나이다. 파일 용량과 개수 제한이 없기 때문에 저작권에 위배되지 않는 이상 동영상을 자유롭게 올리고 다른 사람들과 공유할 수 있다. 이미 많은 사람들이 유튜브를 통해 광고 수익을 올리고 있거나 이 책에서 소개하는 유료 강의 형태로 수익을 올리고 있다. 대표적으로 가수 싸이의 '강남 스타일'이 유튜브 사상 최고의 조회수를 기록하고 있고 유튜브 덕분에 세계 스타가 되었다. 〈YouTube 유튜브로 돈 벌기〉의 이혜강 작가는 남편과 함께 유튜브 전문 크리에이터가 되어 전에 다니던 회사 월급의 5~10배를 벌고 있다. 그만큼 유튜브는 1인 IT 크리에이터에게 최고의 수익 채널 중 하나라 할 수 있다.

시중에 나온 책의 대부분은 유튜브 광고 서비스 '애드센스'에만 초점이 맞춰져 있지만 이 책에서는 간단한 공유 옵션을 이용하여 활용하는 방법을 설명하겠다. 오프라인 강의는 임대를 비롯해서 신경 쓸 것이 많다고 이야기했다. 온라인 강의를 찍을 수 있는 능력이 있다면 온라인 강의 판매가 훨씬 수월하다. 집이든 사무실이든 어디에서나 제작이 가능하고 오프라인 강의의 제약 사항인 지역 제한을 벗어나 국내와 해외에 판매가 가능하기 때문이다. 그런데 문제는 이 동영상을 어떻게 배포하냐이다. 창업 투자 금액이 많다면 실시간 스트리밍 서버와 웹 사이트를 개발할 수 있으나 많게는 수천만 원의 돈이 필요하다. 서비스를 오픈했다고 해서 강의가 꾸준히 팔린다는 보장이 없기 때문에 쉽게 투자할 수 없다. 그래서 개인에게도 공개되어 있는 유튜브를 충분히 활용하면 된다.

그림 3-8과 같이 유튜브에 로그인해서 [업로드]를 클릭한 뒤 탐색기에서 녹화한 동영상을 한번에 올릴 수 있다. 네트워크 접속 상태가 좋다면 수십 기가 용량을 올리는 데 1시간도 걸리지 않는다.

그림 3-8 유튜브 동영상 업로드

동영상 옵션을 저장할 수 있다. [그림 3-9]와 같이 공유 옵션으로 들어간다.

그림 3-9 동영상 공유 옵션 들어가기

그림 3-10과 같이 공유 옵션을 지정할 수 있다.

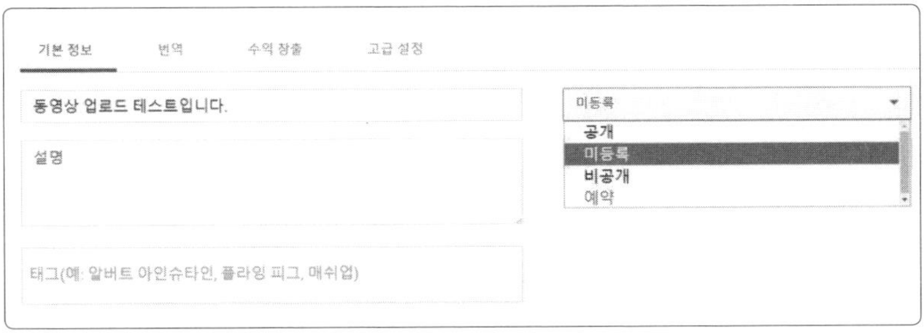

그림 3-10 동영상 공유 옵션 설정

동영상 공개 옵션 종류로는 공개, 미등록, 비공개, 예약이 있다. 각 옵션에 대한 설명은 아래 표와 같다.

옵션	설명
공개	유튜브에서 검색이 되며 모든 사용자들이 볼 수 있다. 책 홍보를 위해 무료 동영상을 공유할 때 사용한다.
미등록	유튜브에서 검색이 되지 않으며 경로를 알고 있는 사용자만 볼 수 있다. 카페에서 게시판 권한을 부여하고 특정 사용자에게만 공유할 때 사용한다.
비공개	유튜브 지메일 계정으로 공유한 사용자만 볼 수 있다. 유료 강의를 배포하거나 특정 사용자에게만 공유할 때 사용한다.
예약	예약 시간에 맞춰 유튜브에 공개할 때 사용한다.

유튜브에 무료 강의를 공개해야 할 때가 있다. 바로, 책을 홍보할 교육 동영상이다. 많은 사람들이 유튜브를 사용하고 여러 채널을 이용해서 유튜브의 동영상을 본다. 책을 썼다고 바로 유료 동영상을 올리기 보다는 사람들에게 "내가 어떤 책을 출간했고 무료 강의도 하고 있다"는 것을 알리는 것이 좋다. 필자가 쓴 책 중에서 제일 많이 팔리고 있는 IT 서적의 경우 유튜브에 10시간 이상의 무료 강의를 배포했다. 이렇게 해서 인기 강의가 되면 광고

수입뿐만 아니라 많은 곳에서 러브콜이 온다. 무료로 공개할 수 있는 동영상 강의는 구분을 해서 정기적으로 배포하는 것이 유료 강의 홍보에도 도움이 된다.

유료 강의를 추진할 때는 공유 옵션 중에서 비공개를 선택한다. 비공개 강의의 경우 이메일 계정 정보로 공유가 가능하며 온오프믹스에서 결제까지 이루어지면 강의 일정에 맞춰 공유한다.

동영상을 공유하기 전에 유의할 점이 있다. 동영상 [고급옵션]에 가면 여러 기능을 수정할 수 있는데 이 중에서 두 개 옵션의 체크를 해제한다. [퍼가기 허용] 옵션을 체크하면 특정 프로그램을 이용하여 동영상의 원본을 다운로드받을 수 있다. 그렇기 때문에 이 옵션을 꼭 해제해야 한다. 동영상 통계는 다른 사용자가 볼 이유가 없기 때문에 [보기 페이지에 동영상 통계를 공개] 옵션의 체크를 해제한다. 최소한의 콘텐츠 보호 차원이기 때문에 꼭 기억하기 바란다.

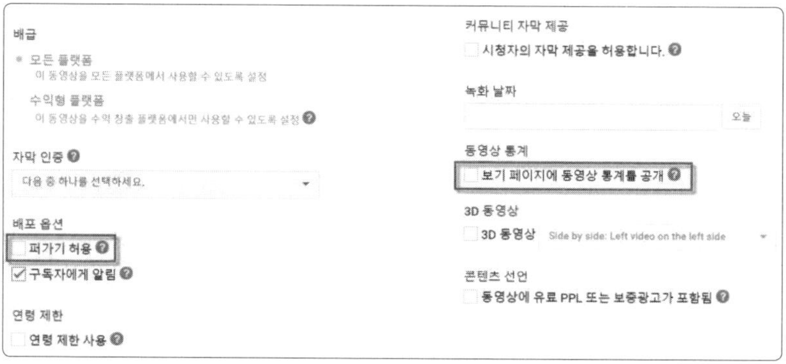

그림 3-11 동영상 공유 옵션

비공개로 설정한 후 그림 3-12와 같이 이메일을 입력해서 공유한다. 접수받은 이메일을 한번에 등록할 수 있기 때문에 지메일 주소를 요청해서 모두 받은 뒤에 정리해서 한번에 처리한다. 이 작업은 수동으로 해야 하기 때문에 한 명씩 요청을 받아 실시간으로 처리하는 데는 시간적인 어려움이 있다.

그림 3-12 다른 사용자에게 동영상 공유

28명이라고 한다면 28명의 지메일(혹은 유튜브로 등록된 메일)을 모두 입력하고 [확인] 버튼을 클릭한 뒤 28명으로 등록되어 있는지 확인해야 한다. 확인이 되었다면 하단에 [변경사항 저장]이나 [공유]라는 활성화된 버튼을 클릭해서 공유한다.

그림 3-13 여러 사용자에게 동영상 공유

공유 시 주의할 사항

이메일 철자가 틀려서 공유가 제대로 안되는 상황이 발생할 수 있으니 공유하기 전에 몇 번 확인해야 공유 시간을 최대한 단축할 수 있다.

그리고 공유하는 사람이 200명 이상이면 공유에 시간이 많이 걸린다. 이 경우 동영상을 인코딩해서 다시 올린 뒤에 일부 인원을 새로 올린 동영상에 공유시키는 방법도 있다.

이제까지 유튜브를 이용한 동영상 공유 방법을 설명했다. 동영상 공유까지는 어렵지 않다. 비용을 투자하여 자동 결제 및 동영상 시청 서비스를 이용하는 것보다는 많은 수고로움이 있다. 그렇지만 익숙해지면 그 수로고움의 시간은 점점 줄어든다. 기존 참여자와 신규로 유입되는 참여자의 동영상 공유를 어떻게 관리할 것인지가 중요하다. 한번 결제하면 지속적인 공유를 할 것인지, 특정 기간 동안만 공유를 할 것인지, 추가되는 동영상은 기존 사용자들에게 서비스로 제공을 할 것인지 등 원칙을 확실하게 정해야 한다. 중요한 것은 생산한 콘텐츠의 대가를 확실하게 보상받아야 한다는 점이다. 그래야 오랫동안 콘텐츠 생산자와 메신저의 활동을 지속할 수 있다.

3.7 구글 드라이브를 이용한 강의 교재 공유

강의를 공유할 때 실습 파일이나 참고할 동영상 등의 용량이 크면 매번 메일로 보내는 일이 비효율적이다. 이때 클라우드 서비스를 활용하면 좋다. 데이터 저장 클라우드 서비스 중에서 추천하고 싶은 것은 구글 드라이브이다. 대부분 사람들이 지메일(Gmail)을 사용는데 해당 사용자들에게 공유하면 자동으로 알람이 가기 때문에 간편하다.

지메일로 로그인을 한 뒤에 구글 드라이브(https://drive.google.com/drive/my-drive)에 접속하면 그림 3-14와 같은 페이지가 나온다. 여러분의 경우 파일들이 아직 업로드되어 있지 않기 때문에 비어 있는 상태일 것이다. 아래 예의 경우 실습에 사용할 파일의 모음을 사례로 보여주고 있기 때문에 파일 용량이 크다. 파일을 업로드하는 것은 어렵지 않다. 업로드하고 싶은 파일을 페이지 위에 드래그하면 자동으로 업로드된다. 무료로 15GB를 제공하며, 그 이상의 용량을 사용하기 위해서는 월마다 일정 금액의 비용을 지불해야 한다.

이름	소유자	최종 수정 날짜 ↓	파일 크기
(보안프로젝트 온라인강의) 안드로이드 악성코드 분석(...	나	오후 1:33 나	3GB
(중급)안드로이드 악성코드 분석.egg	나	오후 1:32 나	5GB
안드로이드 악성코드 분석 자동화.zip	나	오후 1:32 나	1GB
[고급]메타스플로잇_실습자료.zip	나	2016. 7. 29. 나	43MB
(온라인강의)메타스플로잇_초중급.zip	나	2016. 7. 29. 나	232MB
보안프로젝트 자바 프로그래밍_배포용.pdf	나	2016. 7. 25. 나	3MB
보안프로젝트_자바프로그래밍입문과정.zip	나	2016. 7. 25. 나	377MB

그림 3-14 구글 드라이브 확인

구글 드라이브에 업로드된 파일을 선택한 후 그림 3-15와 같이 마우스 오른쪽 버튼을 클릭한 후 [공유]를 선택한다.

그림 3-15 구글 드라이브를 이용한 파일 공유

그런 다음에 그림 3-16과 같이 사용자의 지메일 주소를 입력하고 옵션을 설정하면 된다. 강의를 신청하는 사람이 파일을 수정할 필요까지는 없기 때문에 '댓글 작성 가능'을 선택한다. 수십~수백 개의 사용자 이메일 주소를 동시에 공유할 수 있다.

그림 3-16 구글 드라이브에 있는 파일 공유

한가지 팁을 이야기하면 공유할 때 그림 3-16과 같이 등록된 사용자의 이름이나 아이디가 나와야 정상적인 이메일이다. 전송 시 이메일 오류가 발생하면 등록되지 않은 이메일이거나 주소 형식이 잘못 입력된 경우다. 한 강의에 많은 사람을 등록하다 보면 한번의 실수로 같은 절차를 여러 번 반복할 수도 있다. 시행착오를 몇 번 겪다 보면 효율적인 방법을 터득하게 된다.

이상으로 유튜브와 구글 드라이브에 공유 파일을 모두 업로드하였다. 이제 과목명과 주소를 엑셀로 정리한 뒤에 그림 3-17과 같이 해서 신청한 사용자 이메일로 보낸다. 이 목록을 별도 파일에 저장했다가 2차, 3차 강의 때 계속 활용하면 시간을 단축할 수 있다.

실습파일	https://drive.google.com/file/d/0Bw_t-TmLxWmbakRDW
교재	https://drive.google.com/open?id=0Bw_t-Tn
과목명	유투브주소
자바를 시작하기 전에 알아두어야 할 것들	https://www.youtube.com/watch?v=
자바로 할 수 있는 것들	https://www.youtube.com/watch?v=
자바 프로그래밍을 하기 위해 필요한 것들	
자바 프로그래밍의 기본	https://www.youtube.com/watch?v=
첫번째, 자바의 데이터타입	https://www.youtube.com/watch?v=
두번째, 계산을 위한 연산자	https://www.youtube.com/watch?v=Z
세번째, 코드의 흐름을 바꾸는 제어문	https://www.youtube.com/watch?v=
네번째, 프로그램을 쉽게 만들자, 클래스와 객체	https://www.youtube.com/watch?v=F
다섯번째, 객체의 재활용을 위한 상속	https://www.youtube.com/watch?v=
여섯번째, 현실과 객체	https://www.youtube.com/watch?v=
일곱번째, 이 세상 단 하나뿐인 객체, 패키지 활용	https://www.youtube.com/watch?v=
여덟번째, 프로그램을 죽지 않게 하는 방법, 예외처리	https://www.youtube.com/watch?v=
아홉번째, 파일과 자바	https://www.youtube.com/watch?v=u

그림 3-17 메일 서비스를 이용하여 강의 목록 공유

이제까지 강의를 수동으로 공유하는 방법을 상세히 다루었다. 온라인 과정을 수동으로 공유하는 것은 비용을 절감하기 위해서다. 자신이 투자한 시간 이상의 수익을 얻을 수 있다면 초기 비용을 많이 들이지 않더라도 훌륭하게 1인 창업자로 사업을 할 수 있다. 하지만, 강의가 많아질수록 혼자 관리하기 힘들다. 이때는 자동 결제 및 실시간 동영상 유통 플랫폼을 개발하거나 이미 갖추어진 사이트와 협업을 해야 한다.

3.8 온라인 교육 유통 플랫폼 활용

이제까지 홈페이지를 제작하지 않고 오픈 플랫폼을 이용하는 방법을 설명했다. 수동으로 운영해야 하지만 1인 창업자로서는 시작하기에 부족함이 없다. 하지만 언젠가는 여러 강사나 저자와 함께 해야 하며, 이렇게 되면 운영하고 관리할 일이 많아진다. 이를 해결할 수 있는 몇 가지 방법이 있다. 아르바이트생을 고용해서 동영상 공유 및 회원 관리를 맡기는 방법, 많은 비용을 투자하여 온라인 강의 유통 사이트를 개발하는 방법, 그리고 지금 이 절에서 소개하는 다른 사이트와 제휴하는 방법이 있다.

한빛출판네트워크와는 한빛미디어에서 책을 출간하면서 인연이 되었다. 책을 출간한 뒤에 많은 교육을 주관했고 저자 강의를 했다. 그리고 다양한 온라인 강의를 만들면서 교육 콘텐츠 유통 제안이 왔다. 필자가 운영하는 교육을 한번에 맡기는 것보단 나의 수고로움을 어느 정도 덜 수 있는 수준에서 같이 유통하게 되었다. 실시간 교육 서비스를 제공하는 모든 기능을 갖추고 있기 때문에 강사는 콘텐츠에만 집중할 수 있다.

그림 3-18은 예전에 썼던 책과 지금 이 책의 콘텐츠를 합해 만든 온라인 교육의 소개 화면이다.

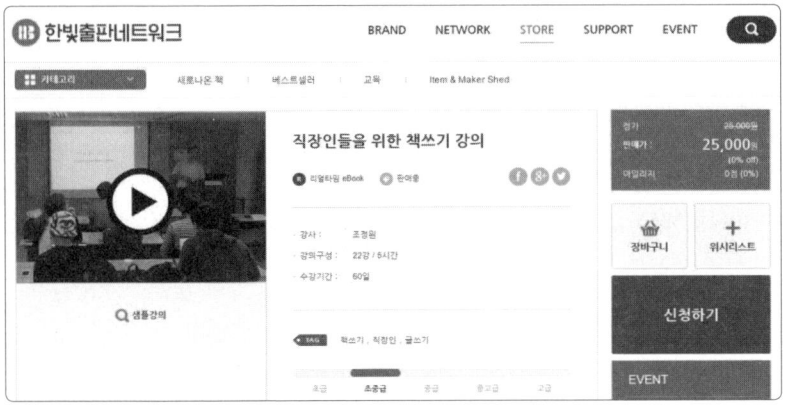

그림 3-18 한빛미디어를 통한 교육 유통 (http://www.hanbit.co.kr/store/education/edu_view.html?p_code=C7979018819)

종전에는 온오프믹스와 유튜브를 이용해 직접 유통했지만 지금은 한빛출판네트워크에서도 유통되고 있다. 유통 채널은 많을수록 좋다. 책도 YES24, 인터파크, 교보문고 등 온라인, 오프라인에서 다양한 경로로 팔리고 있다. 온라인 강의도 동일하다. 한 업체에서 독점할 수는 없다. 최대한 많은 회사들과 제휴를 맺어 자신의 콘텐츠를 알리는 것이 중요하다.

국내뿐만 아니라 외국 사이트에도 유명한 유통 플랫폼이 있다. 유데미 (https://www.udemy.com/)는 2010년 설립되었다. 현재 가입자는 700만 명이 넘는다. 누구나 콘텐츠가 있다면 강사가 될 수 있도록 지원해준다. 어떤 언어로 강의를 찍든 상관 없다. 현재 전 세계적으로 유데미에 등록된 강사는 1만6천명이고, 이들이 만든 강의 수는 3만개가 넘는다.

국내에도 유데미와 비슷한 플랫폼으로 유통을 시도하고 있는 업체들이 있지만 아직은 많이 부족하다. IT 전문 미디어인 블로터(http://www.bloter.net/archives/256043)가 유데미와 2016년 5월에 전략적 파트너쉽을 맺은 만큼 유데미의 강의는 국내에 더 많이 알려질 것이라 판단한다.

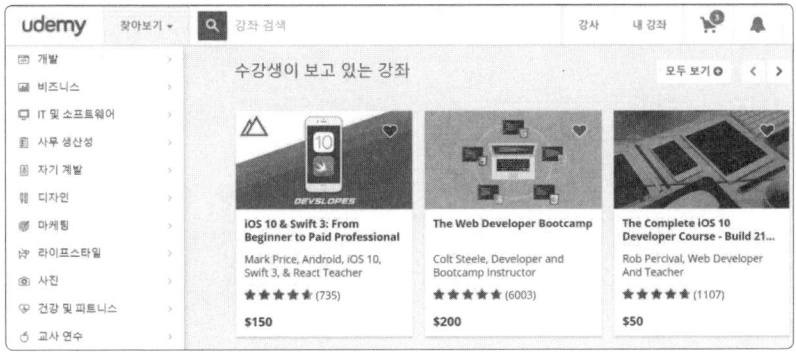

그림 3-19 유데미 교육 사이트

마지막으로, 필자가 추진한 온라인 강의가 제일 많이 유통되고 있는 인프런(https://www.inflearn.com) 서비스가 있다. IT 기술 분야의 무료, 유료 온라인 강의가 있다. 외국 유명 온라인 강의 서비스와 비교하면 아직 부족함이 있지만, 더 성장을 해서 국내에서도 더 많은 온라인 강의가 활성화되어 지식 공유가 이루어졌으면 좋겠다.

그림 3-20 인프런 온라인 강의 교육 사이트

3.9 교육 서비스 벤치마킹 및 사전 준비

배움에 대한 사람들의 욕망은 끝이 없고, 이에 맞춰 교육 사이트들이 많이 발전했다. 영어 교육에는 '시원스쿨'이 대표적이다. 대중들이 영어, 중국어 등을 쉽게 배울 수 있는 온라인 콘텐츠가 많으며 콘텐츠를 태블릿 단말과 함께 판매하는 등 여러 형태로 배포하고 있다. 국내 IT 분야에도 서비스들이 점점 늘어나고 있다. 앞에서 언급했듯이 블로터는 해외 유명 인터넷 강의 서비스 유데미(Udemy)와 제휴를 맺어 온라인 강의 콘텐츠를 연결해주고 있다. 마소 캠퍼스나 패스트 캠프 등에서도 오프라인 강의와 온라인 강의를 많이 보유하고 있다.

이런 교육 서비스는 책을 쓰면서도 참고해야 하며, 앞으로 1인 지식 창업자로 활동하기 위해 꼭 눈여겨봐야 한다. 이런 서비스들은 외국 사례를 벤치마킹하는 경우가 많기 때문에 이 서비스들의 콘텐츠 목차와 유통 방식을 잘 분석하여 후에 다른 접근 방법으로 차별화할 수도 있다. 그러기 위해서는 사람들에게 지식을 전달하고자 하는 열정과 의지를 다져야 하며, 평소에 교육 진행에 필요한 능력을 닦아야 한다.

대중에게 지식을 전달하기 위한 준비는 습관적으로 해야 하는데 필자 경험상 아래 몇 가지를 강조하고 싶다.

사람들에게 지식을 전달하는 습관을 가지자

필자는 학생 때부터 같이 공부하는 동기에게 강의를 자주 했다. 책을 쓰는 작가라면 다른 사람에게 지식을 공유하는 것을 좋아하는 사람이라 할 수 있다. 책을 읽고 중요한 문장을 기록하고 자신의 철학과 경험을 더하면 좋은 글감이 된다. 자신이 이해했던 것을 다른 사람에게 이해시키는 일은 어렵다. 특히, 글이 아니라 말로 설명하려면 더욱 어렵다. 하지만, 이 과정을 반복하면 지식을 쉽고 정확하게 전달할 수 있는 능력을 키울 수 있다. 자연스레 자신만의 강의 방법을 찾을 수 있다.

교육 자료는 직접 만들자

다른 발표 자료에서 짜집기만 하면 좋은 발표가 되지 않는다. 강의할 때 교육 자료에 있는 내용은 모두 설명할 수 있어야 한다. 그림이 있다면 그림도 명확하게 설명되어야 한다. 이를 위해서는 자신이 직접 교육 자료를 만들어야 한다. 자신이 만들어도 완벽한 스피치를 위해 많은 시간이 필요한데, 다른 사람의 이야기를 잘 설명한다는 것은 어불성설이다. 많은 내용이 필요한 것이 아니다. 주어진 시간 안에 자신이 하고 싶은 이야기를 잘 전달하기 위한 보조 교육 자료를 준비한다.

정해진 시간 안에 발표하는 연습을 하자

발표 시간이 지나서도 이야기가 계속 되면 청중의 집중력은 급속도로 떨어진다. 많은 발표자가 대기하는 세미나에서는 다음 발표자에게도 피해가 간다. 어떤 상황이 오든 주어진 시간 내에 발표를 마무리해야 한다. 필자의 경우 수년째 해오고 있는 주제임에도 며칠 전부터 실제 발표하는 것처럼 연습을 한다. 새로운 내용을 집어넣으면 더욱 신경을 쓴다. 강의 경험이 없다면 시간을 재고 몇 번이고 연습하자. 발표 자료 보는 것을 최소화하고 청중들과 눈을 맞추며 자연스럽게 발표가 될 때까지 연습하는 것만이 좋은 강의를 보장한다.

발표 연습을 할 때는 큰소리를 내자

발표할 때 바로 앞에 있는 사람과 이야기하듯 하는 강사가 많다. 모기 목소리보단 과도하게 큰 목소리로 하는 편이 낫다. 제일 뒤에 있는 청중에게 이야기한다고 생각하고 목소리를 내야 한다. 큰소리로 자신 있게 또박또박 이야기하는 버릇을 가지자.

네 번째 이야기 · 마케팅

·

·

·

네 번째 이야기에서는 오랫동안 준비한 책과 강의를 효율적으로 마케팅하는 방법을 다룬다. 책을 쓰고 난 뒤에 강의를 한두번 하는 것으로 그치지 않고 지속적으로 해야 한다. 강의도 매번 새로운 콘텐츠로 채워야 하고 카페와 블로그를 이용해서 잠재적인 독자가 볼 수 있게 해야 한다. 그렇게 해야 1인 기업가로 성장할 수 있는 기회를 가질 수 있다.

이 책에서는 강의를 홍보하는데 제일 적합한 것으로 평가되고 있는 네이버 블로그, 페이스북 그룹, 다음의 브런치, 카드 뉴스의 활용 방법을 알려준다. 숨겨진 기능을 이용하여 홍보를 매시간 물 흐르듯이 하며 지속해야 한다. 자신의 콘텐츠를 적재적소에 공개하고 1인 기업가로의 길을 갈 수 있는 터전을 마련할 수 있다.

4.1 강의 마케팅은 물 흐르듯이

책을 쓰고 난 뒤에 강의 활동을 하기 위해서는 마케팅을 많이 해야 한다. 책을 썼다고 해서 사람들이 바로 모이지 않는다. 개인 블로그, 인터넷 카페, 소셜 네트워크 등 여러 플랫폼을 마케팅 용도로 활용할 수 있다. 최근에 페이스북 마케팅이 활발하고 어떻게 해야 할 것인지도 많이 알려져 있다.

중요한 것은 한 번에 모든 플랫폼에 동시에 기재하지 말고, 나눠서 시간대별로 마케팅을 진행해야 한다는 점이다. 마케팅 자료가 한 번에 올라가면 노출 시간이 짧아진다. 특히, 페이스북이나 트위터는 순식간에 흘러간다. 카페와 블로그에도 사람들이 방문했을 때 눈에 띌 수 있는 위치에 유지시켜야 한다. 카페에 사람이 많다고 중요한 게 아니라 게시물이 많은 조회 수를 유지해야 한다. 카페에 마케팅할 때는 회원 수는 많고, 게시판 업데이트가 늦게 되는 곳이 좋다. 많은 콘텐츠가 올라가는 블로그의 경우 방문자에 비해 콘텐츠 노출은 적어진다. 블로그는 제일 상단에 있는 글이나 검색을 통해서만 확인하기 때문이다. 그렇기 때문에 마케팅을 할 때 올리는 주기와 시간을 고려해야 한다.

1주일 동안 강의를 지속적으로 노출시키기 위해서는 여러 플랫폼을 나눠 일자 간격을 두고 마케팅을 하면 좋다. 돌아가면서 콘텐츠를 계속 노출해 강의를 들을 수 있게 호기심을 유발해야 한다. 온라인 강의라면 녹화한 목록을 직접 보여주고 진행 시간까지 확인해주면 좋다. 페이스북에 제대로 마케팅하면 많은 사람의 호응을 얻을 수 있다. 소셜 네트워크의 경우 단기간에 공유가 많이 되면 마케팅 효과가 크다. 이 강의는 하루 만에 수용 신청자를 넘어 조기 마감되었다. 예상 이외의 반응에 필자도 깜짝 놀랐다.

그림 4-1 페이스북 마케팅 사례

마케팅 활동을 할 때도 예약 기능을 남발하지 말고 다른 서비스 마케팅을 고려해서 적절한 시간을 선택해야 한다. 페이스북에서 9시(출근 시간)에 마케팅하고 카페에 오후 1시(점심 시간)에 마케팅했다면 네이버 블로그는 오후 4시 정도(퇴근 시간 전)에 예약을 걸어두는 방식이다. 이렇게 시간대 별로 물 흐르듯이 해서 많은 사람에게 노출될 수 있도록 해야 한다. (네이버 블로그 예약 기능은 4.2.3절에서 자세히 다루겠다.)

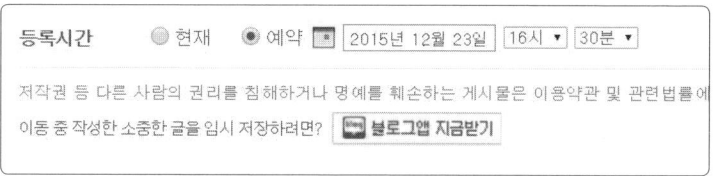

그림 4-2 네이버 블로그 예약 기능

온오프믹스에 강의를 개설하면 사람들이 강의 페이지를 얼마나 많이 보았는지 '페이지뷰'를 볼 수 있다. 총 219 번의 강의를 하는 동안 172,943 번의 페이지뷰가 발생했다. 강의를 올릴 때 메인 페이지에 책의 표지가 보이도록 하므로 많은 사람에게 책이 노출된다. 17만번이나 노출되는 것은 어떤 매체를 이용해도 쉽지 않다. 잡지에 마케팅하고 페이스북에 마케팅해도 이만큼 많이 노출되지 않는다.

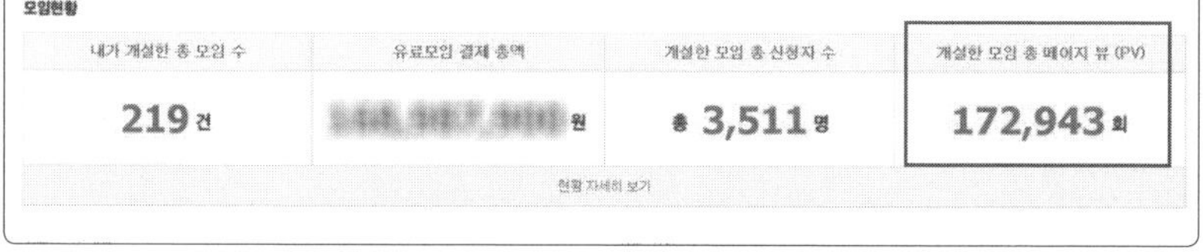

그림 4-3 온오프믹스 페이지뷰 확인

어떤 주제로, 주중 어떤 요일에 광고하면 어떤 반응이 오는지 배울 수 있다. 이 모든 것은 마케팅 책에서 보는 내용과 같다. 페이스북, 블로그, 카페 등 자신이 만들어놓은 PR 영역에서 제일 적합한 시간에 노출시켜 사람들을 끌어들일 힘이 있어야 한다. 그래야 후에 다른 사람에게 의존하지 않고, 자신의 가치를 높일 수 있는 강의에 사람들을 모을 수 있다.

교육을 스스로 기획하고 몇 년 동안 운영하는 것을 보고 지인이 어떤 광고대행 서비스를 이용하느냐고 문의했다. "나는 그런 서비스는 사용하지 않습니다. 광고를 위해 돈을 쓸 생각은 없습니다. 지금 제가 만들어둔 카페, 블로그, 페이스북 그룹 그리고 최근에 집중하는 브런치까지 광고할 수 있는 수단은 많습니다. 마케팅이 잘되고 있는지에 대한 대답은 강의를 추진할 때마다 90% 이상 개강이 되고 있다는 것입니다."

한번 생각해보자. SNS에 광고된다고 바로 클릭을 하나? 잠재 고객들에게 감동되거나 도움이 될만한 콘텐츠가 우선되어야 한다. 그게 아니라면 사람들은 광고를 차단한다. 특히, 페이스북은 친구들이 많아질수록 중복되어 보이는 광고가 많아지니 지속해서 필터링 작업을 하게 된다. 하지만 친구가 올리는 교육들은 한번 더 보게 된다. 친구가 좋다고 하는데 관심을 안 가질 수 없다. 참여까지 한다면 같이 참여하고 싶은 생각도 든다. 이게 광고사를 통해 하는 광고와 친구의 신뢰를 통해 하는 홍보의 차이다.

큰 규모의 IT 교육을 진행하던 곳에서 필자에게 마케팅을 역으로 맡긴 사례도 있다. 페이스북에 매일 올라오는 광고를 보면서 "이 교육센터는 엄청나게 마케팅을 하는구나"라고 생각했다. 그런데 너무 놀랍게 다음날 지인을 통해 그 교육센터와 연결이 되었다. 지인이 그곳에서 새로 강의를 하게 되었는데 저에게 꼭 마케팅을 맡기고 싶다면서 마케팅 절차에 대한 컨설팅을 받고 싶다고 했다.

필자는 이제까지 추진한 강의와 마케팅 방법을 간단히 소개하고 나서 마케팅 비용으로 얼마나 사용하고 있냐고 물었다. 무려 매출의 30프로 이상을 지출한다는 답변이 돌아왔다. 마침 지인이 하는 강의가 필자 분야이고 우리 카페의 책임 강사이기도 해서 자신있게 말했다.

"내게 맡겨줘라. 내가 꼭 지인 강의를 오픈할 수 있도록 하겠다. 지금 사용하는 비용의 반절을 나에게 할당해줘라."

그리고 바로 답변이 왔다. 나에게 큰돈을 주고라도 마케팅을 맡겨보겠다고 했다. 내 마케팅 채널은 이미 수십만 명이 볼 수 있게 만들었다. 많은 시행착오에서 경험을 통해 배웠다. 1년에 수천 명 이상의 교육생을 모집할 수 있는 것도 이런 시스템 때문이다.

필자는 마케팅을 전문적으로 배우지 않았지만, 매번 마케팅하는 방법과 올리는 횟수를 달리 해본다. 나름대로 통계를 내서 어떻게 하면 참여가 많아지는지 파악이 된다. 실전을 통해 배우고 있다. 언젠가는 전문가의 힘을 빌려야 할 때가 오겠고 전문가의 눈으로 볼 때는 더 좋은 방법이 있을 것이다. 하지만 지금은 전문가 없이 스스로 한번 이겨내고 싶다.

4.2 블로그는 최고의 마케팅 플랫폼

필자는 IT 보안을 공부할 때부터 블로그를 시작하였다. IT 공부를 하면서 공부했던 내용을 정리하는 차원에서 시작했다. 그때도 파워 블로거가 있었기 때문에 많은 사람이 내 블로그에서 와서 내 글을 보고 반응하는 것을 즐기는 재미도 있었다. 결론은 하루에 10명 이내로 와서 큰 즐거움을 얻지 못했다. 지금은 블로그에 글을 정리하고 다른 사람들과 지식을 공유하는 것이 습관이 되었다. 하루 500~1,000명이 방문하고 필자 이름이 새겨진 책들이 있으므로 글을 쓰는데 신중함이 있다. 페이스북, 트위터 등 소셜 네트워크 서비스에 사람들이 많이 몰려있지만, 생산한 글을 제대로 보여주기에는 블로그 플랫폼이 제일 적합하다. 책을 내고 싶은 사람이라면 블로그를 꼭 하나쯤은 해야 한다고 생각한다.

블로그는 책을 쓰기 전부터 진행을 해야 한다. 책이 나온 다음에 블로그를 하면 마케팅 기회를 많이 놓친다. 최근에는 파워 블로그 수준이 되면 자연스레 출판사에서 연락이 온다. 그리고 책이 나오면 종합 베스트셀러가 되는 사례가 많이 생긴다. 그만큼 블로그를 하면서 다져진 글쓰기 솜씨와 마케팅 채널이 시너지를 내서 좋은 결과도 나오는 것이다. 블로그를 하면 어떤 이점들이 있는지 자세히 살펴보겠다.

자신의 글을 공개할 수 있는 용기가 생긴다

책은 자신의 글을 출판사와 협력해서 대중들에게 공개한 결과이다. 글을 자신만 보고 있다면 일기장에 써놓은 글일 뿐이다.

〈글쓰기는 스타일이다〉의 장석주 작가는 "'쓰다'라는 동사는 작가들이 따라야 할 궁극의 도(道)이다. 결국 다소 뻔뻔스러울 정도로 자신을 드러낼 수 있는 용기, 진실과 피하지 않고 정면으로 맞설 수 있는 용기, 쓰고야 말겠다는 용기를 가진 사람만이 자신의 글을 쓴다. 저를 드러내지 못하고, 진실을 감추는 자는 영원히 글을 쓸 수가 없다"라고 이야기한다.

책을 내기 위해서는 대단한 용기가 필요하다. 공개된 글을 볼 사람이 누군지 예측할 수 없다. 자신보다 많은 경험이 있는 전문가일 수 있고, 무자비하게 비판을 하는 사람일 수 있다. 이런 사람들이 몇 마디를 했다고 주눅이 들고 글 공개를 피하면, 책을 출간할 용기를 낼 수 없다. 자신의 이야기를 블로그에 하나씩 하나씩 공개하자. 처음부터 방문자가 확 늘어나서 부담을 주지 않고, 방문자들이 모두 글을 보는 것도 아니다. 몇 명이 보냐는 중요하지 않다. 나의 글을 다른 사람과 공유할 수 있는 '용기'만 생각하면 된다.

책을 쓰고 난 뒤에는 더욱더 큰 용기가 필요하다. 교육을 추진할 때도 매우 뻔뻔해져야 한다. 자신의 콘텐츠에 가격을 정하고 사람들에게 파는 것에는 매우 큰 용기가 필요하다. '저자'라는 타이틀을 가진 것에 기쁨만 있는 것이 아니라, 이제 사람들은 여러분을 주목할 것이다. 주위의 평가가 매우 매서워진다. 그렇다면 공개된 글 하나라도 더 신중해야 한다. 자기 관리도 잘해야 한다. 그만큼 '용기'는 책을 쓰기 전과 쓴 후에 모두 필요하다.

지식 데이터베이스를 구축할 수 있다

블로그에 글을 올리는 것은 다른 사람에게 지식을 공유하기에 앞서 나를 위한 글들을 만드는 것이다. 필자가 기억하고 싶은 이야기, 머릿속에 혼란스러운 이야기 등을 글로 모두 내뱉는 것이다. 이렇게 쌓인 글들을 후에 묶어서 한 권의 책으로 출간할 수 있다. 어느 장소에 있든 블로그에 접속하여 원하는 정보를 검색하여 활용할 수 있다. 세상에서 제일 이해하기 쉬운 글은 자신이 쓴 글이다. 자신이 생산한 글은 어떤 참고 문서보다 좋은 정보이기 때문에 블로그를 활용해야 한다.

필자는 IT 분야에 종사하다 보니 'A라는 명령어를 입력했을 때, B라는 결과가 나오는구나!'라는 과정을 하나하나 다 정리해놓고, 화면까지 같이 저장해둔다. 몇 년이 지나도 없어지지 않는 글이기 때문에, 업무를 하다가 명령어가 생각나지 않으면 바로 찾아서 활용한다. 아래 그림과 같이 최근 작성일 기준으로 하면 한 주제에 대해 언제 기록했고, 시간상 어떤 흐름이 있었는지 빠르게 파악할 수 있다.

그림 4-4 블로그 데이터베이스 구축

글쓰기 습관을 가질 수 있다

어떤 목적으로 이용되든 블로그에 많은 사람이 방문해야 기분이 좋다. 많은 사람의 방문을 위해서는 글이 꾸준히 올라와야 한다. 하루에 수천 명이 방문했더라도 한 달 동안 글을 작성하지 않으면 방문 횟수는 급속도로 빠진다. 방문 횟수에 신경을 쓰다 보면 타의반으로 글을 쓰는 습관을 들일 수 있다.

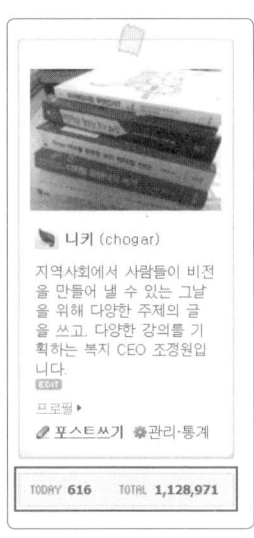

그림 4-5 블로그 방문자 수

출판 후에 제일 큰 마케팅 효과를 낼 수 있는 공간이다

책이 출간되면 모든 것이 끝난 것이 아니다. 책은 자신만의 만족이 아니라, 많은 사람에게 읽히고 그 책을 통해 변화가 일어나야 한다. 출판사에서도 충분히 마케팅를 해주지만 자신의 책 이외에도 수십 권, 수백 권의 책에 신경 쓰느라 한순간이다. 저자 스스로 책을 많이 노출시켜야 한다. 블로그에 좋은 글을 꾸준히 올리고, 강의하며 책을 노출할 수 있어야 한다. 책이 몇 년 동안 장기간 흥행하기 위해서 꼭 필요한 활동들이다.

책이 나온 후 저자가 글을 올리면, 검색 사이트를 통해 저자의 블로그가 검색된다. 블로그에 방문한 사람들은 이제까지 쌓여있는 콘텐츠를 보고 책 안에 어떤 내용이 들어있을지 짐작한다. 꾸준히 활동한 블로그 생활을 보면 독자들은 책을 읽고 궁금한 것을 저자한테 언제든지 물어봐도 빠르게 답변을 줄 것이라 확신한다. 이렇게 간접적인 소통이 된다. 그만큼 블로그는 마케팅의 통로이다.

출판과 강의를 할 수 있는 기회가 더 많아진다

블로그에 글을 등록하면 많은 검색 사이트에서 검색되고 접근이 가능하다. 좋은 글이 작성되면 포털 사이트 메인 페이지에 소개되고 많게는 하루 수십만 명이 방문한다. 블로그에 한두 분야의 전문 지식을 정기적으로 올리면 방문자는 많아질 것이고, 출판사와 뉴스 매체 등에 관련된 사람들도 방문한다. 출판사가 관심 있던 분야라면 직접 연락이 온다. 원고를 들고 출판사를 돌아다닐 수고가 없어진다. 준비된 저자에게는 큰 기회가 오는 셈이다. 또한, 관련 교육 센터에서 연락이 온다. 필자는 자체적으로 많은 교육을 추진하는데, 교육 후기를 항상 남긴다. 교육 후기를 보고 많은 센터에서 관심을 가지고 협업을 하자는 제안도 온다.

마지막으로, 기부도 할 수 있다. 네이버에서는 블로그 및 카페에 글을 올릴 때 콩을 준다. 이렇게 모은 콩을 불우한 이웃들을 위해 사용할 수 있다. 글도 많이 쓰고, 좋은 일에 사용할 수 있으니 일거양득이다.

4.2.1 블로그는 모든 마케팅의 중심

블로그는 필자의 지식을 알리는 데 꼭 필요한 공간이고 하루에 얼마나 많은 사람이 방문하고 읽어주냐에 따라 마케팅 규모가 달라진다. 페이스북, 트위터, 카페 등 많은 마케팅 채널이 있지만, 블로그는 이 모든 채널의 중심이 된다. 블로그에 올린 콘텐츠를 각 서비스에 링크시켜야 한다. 내용이 좋다면 자연스레 방문자 수가 많아진다. 검색에도 노출되면서 책 마케팅과 강의 마케팅에도 도움이 된다.

개인 문의는 대부분 블로그에 남긴다. 다른 카페에 공유를 할 때도 본문을 복사하기보다는 블로그의 링크 형태로 남기면 좋다. 그럼 다른 콘텐츠도 노출되며 필자가 어떤 활동을 하고 있는지 알릴 수 있다. 블로그를 할 때 검색어만을 강조하는 사례가 있는데 첫째는 무조건 콘텐츠다. 내용을 보고 도움이 되어야 즐겨찾기했다가 다음에도 찾아오는 것이지, 검색 단어만 믿고 오기만을 기다리면 안 된다. 그만큼 다른 서비스와 연결하여 팬을 많이 만들면 된다.

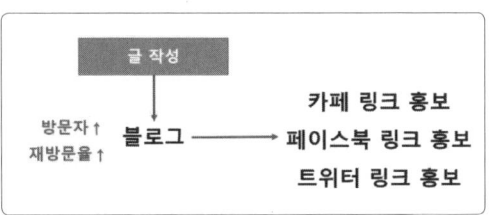

그림 4-6 블로그에 집중하여 다른 서비스에 마케팅

소셜 네트워크에서 공유가 많이 되면 블로그 방문 숫자는 증가한다. 평소 500명쯤 되던 블로그 방문 숫자도 공유가 많아지면 2,000명까지 된다. 어떤 콘텐츠가 더 좋을지는 보는 사람이 판단한다.

네이버 블로그에도 "에드포스트" 기능이 있어서 광고 수입을 배분한다. 방문 숫자가 많을수록 클릭률의 배분 수입은 많고 1년 수입을 합하면 만만치 않은 보너스다. 여러 곳에서 조금씩 들어오는 수익 구조를 만드는 것도 저자에게는 필요한 작업이다.

4.2.2 블로그에 다음 책 준비

책 한권이 나온 작가님들이 문의를 주신 것 중 하나는 "블로그를 시작하려고 하는데 어떤 내용을 올릴지 고민이다"라고 한다. 필자도 블로그에 글을 공개할 때 많은 고민을 했었다. 글 소재가 바닥이 났는데 하루에 하나 이상은 올린다는 목표에 압박을 받은 적이 많다. 파워블로그 책을 보면 주제도 통일해야 하고 일정 길이 이상의 글을 작성해야 하고, 포장도 필요하다고 하는 등 많은 이야기에 혼란만 왔다. 지금은 이런 걱정하지 않고 블로그에 글을 공개한다. 다음 책의 소재를 가지고 글을 쓰기 때문이다. 하루 하루 쌓인 글은 다음 책의 초고가 될 수 있다. 열정에 따라 한두 달 안에 다음 책 원고를 모두 완성할 수 있다.

책을 쓰면서 '원소스 멀티유즈' 라는 단어를 간직해야 한다. 하나의 콘텐츠를 여러 채널과 콘텐츠 형태로 발전시키는 것이다. 중요한 것은 하나의 원고에서 파생을 해야 한다는 점이다.

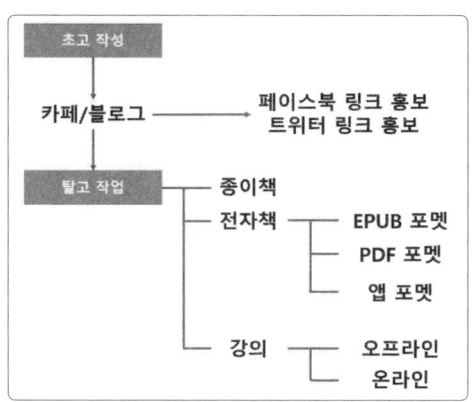

그림 4-7 하나의 원고에서 확대 사용

블로그에 공개해서 누가 가져다 쓰면 어떻게 하냐 걱정을 한다. 블로그에 올리는 것은 초고일 뿐이고 원고의 일부이다. 오히려 "이 글은 내가 저작권을 가지고 있다"고 공개하는 것과 같다. 오히려 저작권을 행사할 수 있다. 블로그의 글이 많은 사람에게 알려지면 나도 모르게 팬이 생기고 책이 나왔을 때 마케팅 효과도 누릴 수 있다.

필자는 모든 책의 초고를 블로그에 공개한다. 한 꼭지를 서너개로 나눠 공개할 때도 있고 축약해서 공개할 때도 있다. 기분이 좋으면 탈고가 끝난 문장을 그대로 공개할 때도 있다. 정성을 다해 쓴 글은 다른 글들과 분명 반응이 다르다.

네이버 책 리뷰 기능과 연결

출간 후에 책과 관련된 주제의 글을 네이버 블로그에 추가로 공개할 때 하단에 [주제 분류]에서 문학, 책을 선택해서 관련 책 리뷰와 연결할 수 있다. 자신의 책과 연결해두면 독자들이 리뷰를 볼 때 작가가 올린 글과 같이 볼 수 있다. 작가가 콘텐츠를 지속적으로 생산하고 나누는 것은 독자들과 소통하는 데 필수적인 활동이다. 필자가 쓴 [IT 엔지니어의 투잡, 책 내기]를 책 리뷰 기능과 연결시킨 예는 아래 그림과 같다. URL은 http://book.naver.com/bookdb/review.nhn?bid=9810939이다.

그림 4-8 네이버 리뷰에 저자가 쓴 글 연결

책을 출간한 뒤에 관련 주제의 글을 공개하다 보면 출간했던 책만큼의 분량이 공개될 때가 있다. 다음 책에 쓸 내용을 많이 공개하자. 하루에 한 꼭지씩 쓰는 습관을 들이면 다음 책이 빠르고 자연스럽게 나오는 데 도움을 준다. 독자들에게 미리 평가를 받는다 생각하면 된다.

4.2.3 예약 기능을 활용한 블로그 관리 방법

직장을 다니면서 블로그를 관리하는 일은 쉽지 않다. 앞에서 이야기를 했듯이 블로그에 재방문하는 사람들은 필자 글을 좋아하는 팬이다. 팬을 많이 만들기 위해서는 좋은 글이 정기적으로 올라와야 한다. 매일 한 개가 될 수 있고, 매주 한 개가 될 수 있다. 중요한 것은 "이 작가님은 내가 관심 가지고 있는 글을 꾸준히 올리는구나"라는 이미지를 만들어야 한다는 점이다.

필자는 회사에 30분 정도 일찍 출근해서 업무 시작 시간 전이나 점심 시간을 이용하여 콘텐츠를 생산한다. 콘텐츠를 생산하면 바로 블로그에 공개하기도 하는데 블로그에 사용자들이 많이 방문하는 시간대에 올리는 게 효과적이다. 통계 페이지에서 블로그에 접속자가 많은 시간대를 확인할 수 있다. 블로그마다 통계 결과는 다르므로 여러분이 관리하는 블로그의 통계를 꼭 확인해보기 바란다.

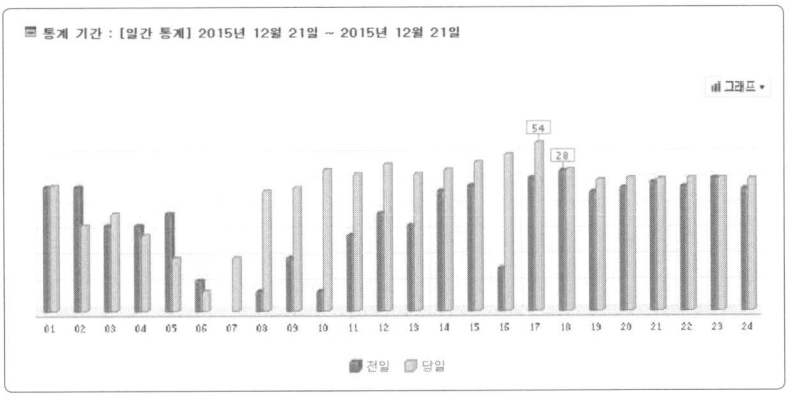

그림 4-9 블로그 방문 시간 확인

이제 시간을 확인했으니 그 시간에 글을 올려보자. 그런데 시간이 16~17시 사이이다. 이때는 직장인에게 업무 시간이다. 업무 시간에 못 올릴 이유는 없으나 그 시간을 매번 지킬 수는 없다. 이 경우 예약 기능을 활용하자. 예약 기능을 이용하여 블로그 사용자들이 제일 많이 방문하는 시간대에 올라갈 수 있도록 설정한다. 하루에 평균 한 개씩 콘텐츠를 예약해두자. 블로그에 올라오는 글을 페이스북이나 트위터에 같이 공유하고 싶다면 체크를 해두면 소셜 네트워크 마케팅까지 되니 일석이조다. 필자 블로그의 일 평균 방문자 수는 500~600명이다. 예약 기능을 이용하여 하루에 1~2개가 공개되도록 하고 소셜 네트워크 공유까지 자동으로 설정하니 1500명 이상 방문자를 기록하는 사례가 많다. 1주일에 5개 정도의 예약글을 등록해둔다.

그림 4-10 네이버 블로그 예약 기능

그런데 예약해둔 글을 수정하거나 포스팅을 취소해야 할 때가 있다. 어디를 보아도 예약 시간에 나타날 때까지 예약된 글을 외부에서 볼 수 없다. 이때는 블로그 관리자만 꼼수를 이용하여 관리할 수 있다. [포스트쓰기] 〉 [예약글]에서 확인 가능하며, 예약해둔 내용과 시간을 수정하거나 삭제할 수 있다.

그림 4-11 네이버 블로그 예약글 확인

파워블로그 닉네임 하텍(http://blog.naver.com/prologue/)님은 군대에 가 있는 동안 블로그 콘텐츠를 유지하기 위해 예약 기능을 이용했다. 2년 동안 일주일에 하나씩 올라가도록 100개를 미리 예약해둔 것이다. 그 덕분에 지금도 하루 방문자 수가 1만명을 넘고 있다. 휴가를 가기 전이나 긴 명절이 오기 전에 자동으로 올가가는 콘텐츠를 미리 예약해서 블로그를 이용한 마케팅 활동이 지속될 수 있도록 노력해야 한다.

4.2.4 워드API를 활용한 블로그 작성

자신을 마케팅하기 위해 블로그에 정기적으로 글을 올리는 것은 중요하다. 생산한 콘텐츠를 끊임 없이 알리는 역할을 블로그에게 맡겨야 한다. 독자들을 위해 쓴 정성스러운 글은 많은 사람에게 공유되고 읽혀진다. 물론 블로그에 올릴 글 하나 작성하기 위해서는 많은 시간이 소요된다. 웹 표준에 맞는 표와 그림, 스타일 적용의 컴포넌트를 사용해야 하며 정해진 양식이 조금이라도 틀리면 글 형태가 망가진다. 좋은 내용만큼 보기도 좋아야 한다.

이런 불편을 해소하기 위한 포스팅 API가 있다. 이 책에서 소개하는 네이버 블로그뿐만 아니라 다른 블로그 플랫폼에서도 대부분 제공한다. API를 이용하면 긴 글을 흐트럼 없이 업로드할 수 있다. 표를 삽입할 때는 글씨체나 간격의 문제만 있을뿐, 원고와 거의 같은 형태로 블로그에 삽입할 수 있다. 원고를 워드에 정리하고 난 뒤에 블로그에 작성하는 습관을 들이면, 후에 집필 편집 과정에서 2중복 작업을 하지 않는다.

대표적으로 필자가 많이 사용하고 있는 네이버 블로그로 설명하겠다. 블로그에서 [관리] 메뉴를 클릭하면 그림 4-12와 같이 [메뉴·글관리] 메뉴가 보인다. [플러그인·연동관리] > [글쓰기 API설정]을 클릭한다.

관리 메뉴 URL 주소는 http://admin.blog.naver.com/ID/sitemap이다.

그림 4-12 블로그 글쓰기 API 설정

그림 4-13과 같이 [API연결정보]를 보면 [API연결 URL], [아이디], [API연결 암호] 등 3개의 정보가 있다. 이 정보는 MS 워드에서 사용하기 때문에 창을 닫지 말고 MS 워드를 실행한다.

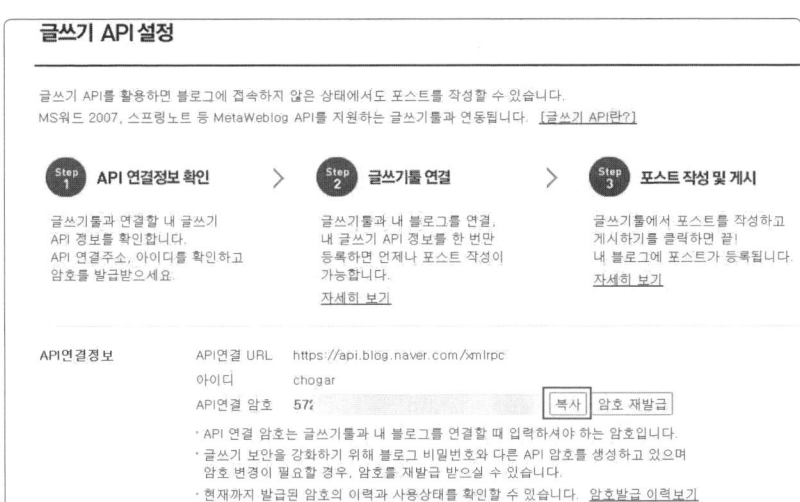

그림 4-13 네이버 API 활용하기

MS워드에서 [파일] > [공유] > [블로그에 게시] > [블로그에 게시]를 클릭한다.

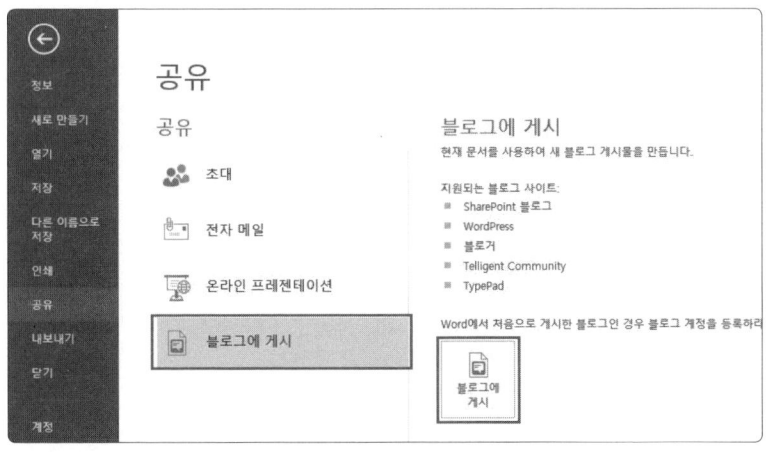

그림 4-14 블로그 게시물로 게시

계정이 존재하지 않는다면, 바로 블로그 계정을 지정하는 창이 나타난다. [블로그]는 '기타'를 선택한다.

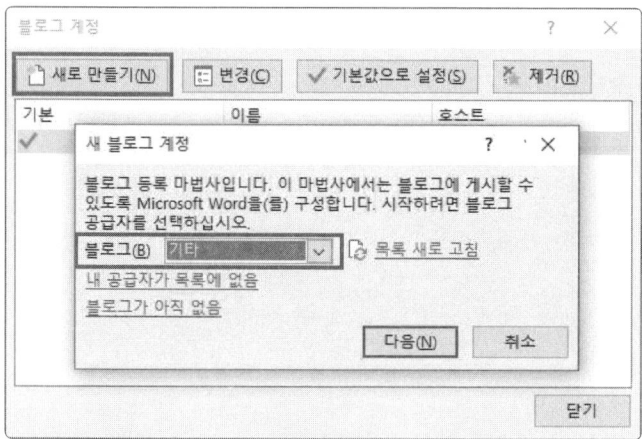

그림 4-15 워드-새 블로그 계정 추가

그러면 다음 창에는 [API] 정보가 'MetaWeblog'로 나타난다.

[블로그 게시 URL], [사용자 이름], [암호]는 개인 블로그 관리에서 확인한 정보를 각각 복사한다. [암호 저장]을 체크하면 다음부터 게시할 때는 자동 설정된다.

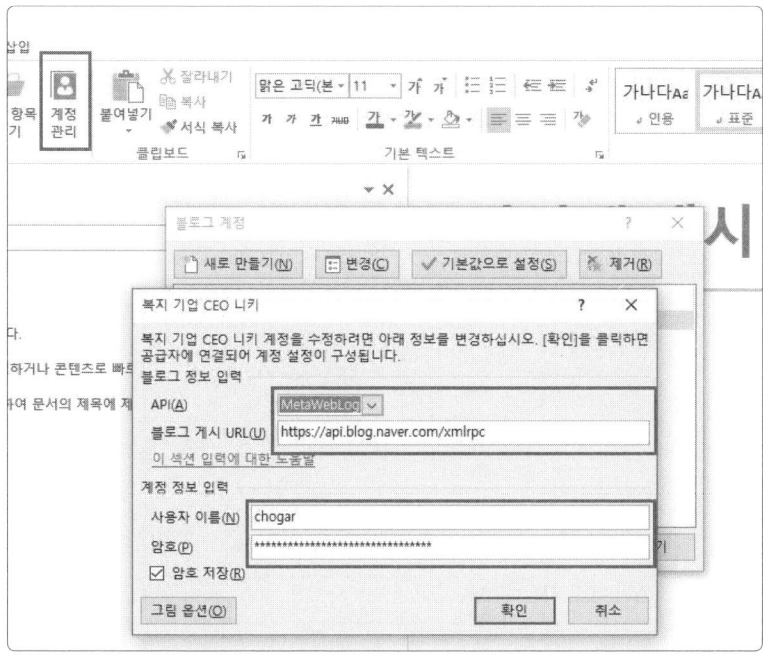

그림 4-16 블로그 계정에서 API 등록

모든 설정은 완료되었다. 이제 다음 단계를 순서대로 적용하면 블로그에 간편하게 게시물을 업로드할 수 있다.

1) 게시할 부분을 복사해서 새로운 문서(Ctrl+N)에 붙여넣기한다.

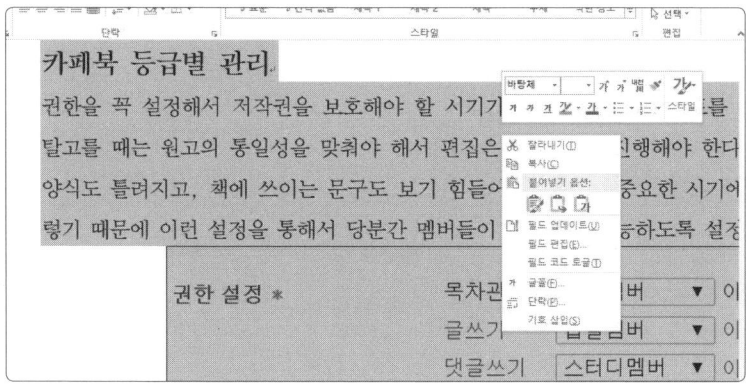

그림 4-17 워드에서 원하는 글 복사

2) [파일] > [공유] > [블로그에 게시] > [블로그에 게시] 버튼을 클릭한다.

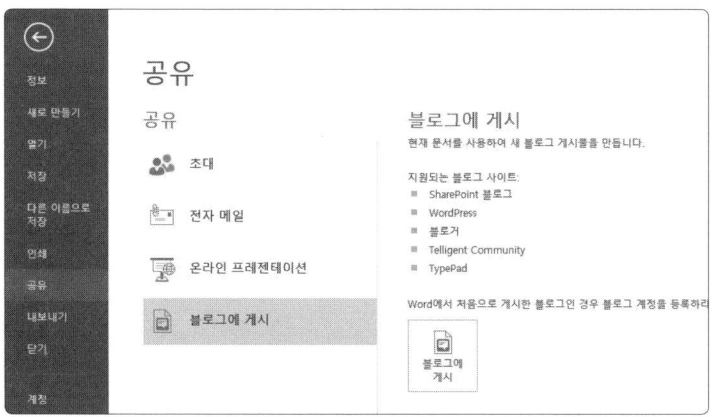

그림 4-18 워드에서 블로그 게시하기

3) 게시를 하기 전에 [범주 삽입]을 통해 글이 게시될 블로그의 메뉴를 선택한다. API로 연결되어 있기 때문에 내용 부분에 '범주'라는 문구가 생기며 리스트 형식으로 메뉴가 나타난다.

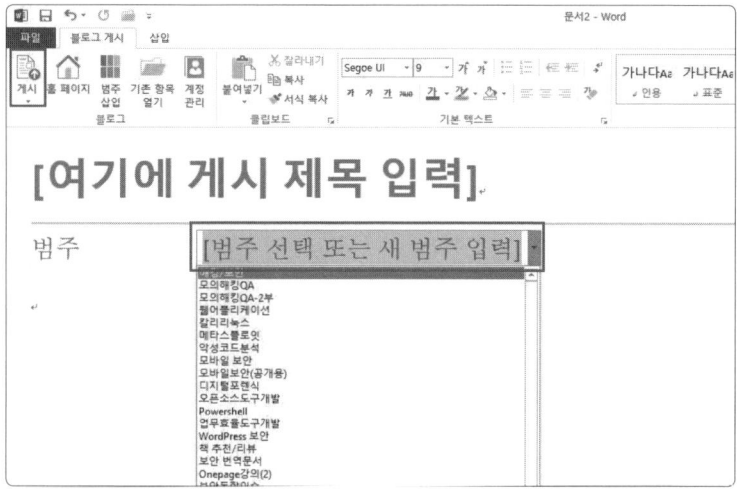

그림 4-19 워드에서 블로그 범주 정하기

4) 제목을 입력하고 상단 메뉴 [게시]를 클릭하면 블로그에 게시된다. 그림 4-20과 같이 [게시] 버튼 하단에 있는 화살표를 클릭하면 두 가지 게시 방법에서 하나를 선택할 수 있다. [게시]는 블로그에 바로 공개되며, [초안으로 게시]는 비공개로 처리되어 블로그 주인만 확인할 수 있다. 내 경험으로는 우선 [초안으로 게시]를 하고 난 뒤에 게시된 글을 원고와 같이 수정한 후 공개를 하는 것이 좋다. 워드 문서에서 게시를 한다고 해도 표나 그림이 동일하게 적용되지 않기 때문에 편집이 필요하다.

그림 4-20 워드에서 블로그 API를 이용하여 글 게시

블로그 API를 지원하는 프로그램은 많이 있다. 마이크로소프트에서 배포되는 'Windows Live Writer', 한글 워드(HWP), 에버노트에서도 지원한다. 적용하는 방법은 거의 동일하기 때문에 검색을 통해 각 프로그램에서 활용하기 바란다.

4.2.5 네이버 키워드 검색 도구 활용

블로그에 글을 올렸는데 많은 사람이 방문해서 보면 더 좋다. 방문 숫자를 올리기 위해서는 네이버 검색에 노출되어야 한다. 글을 작성하고 검색 단어를 입력하지 않거나 사람들이 찾지 않는 단어를 입력하면 아무리 좋을 글을 써도 많은 사람에게 노출되지 않는다. 네이버 광고 서비스(http://searchad.naver.com)에서 '키워드 도구'를 제공하고 있다. 회원 가입 후 [광고관리시스템 바로 가기]를 클릭한다.

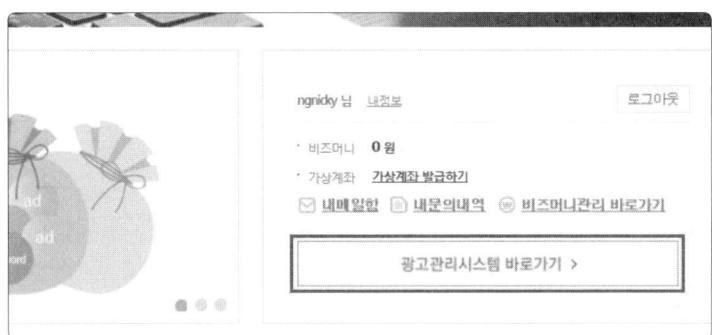

그림 4-21 네이버 광고관리시스템

왼쪽 메뉴 하단에 [키워드 도구]를 클릭한다.

그림 4-22 광고관리시스템에서 단어 검색

블로그에 사용할 키워드를 조회한다. 조회된 키워드 칼럼을 보면 '월간조회수'가 있다. 사람들이 많이 검색하는 단어에서 힌트를 얻을 수 있다.

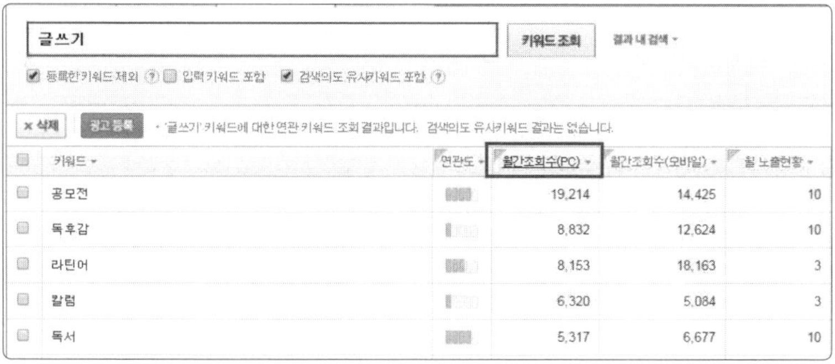

그림 4-23 키워드 검색(1)

월간조회수가 적은 것에서 잘 선택을 하면 상위 링크에 올릴 수 있다. 한 예로 네이버 블로그 태그와 내용에 '독후감'과 '진로독서토론'을 같이 사용하면 '독후감독서토론' 같은 검색어도 만들어낼 수 있다. 몇 개의 검색어를 조합해서 검색이 잘되는 것과 상위 링크로 갈 확률이 있는 것을 고민하는 것도 마케팅 공부의 하나이다.

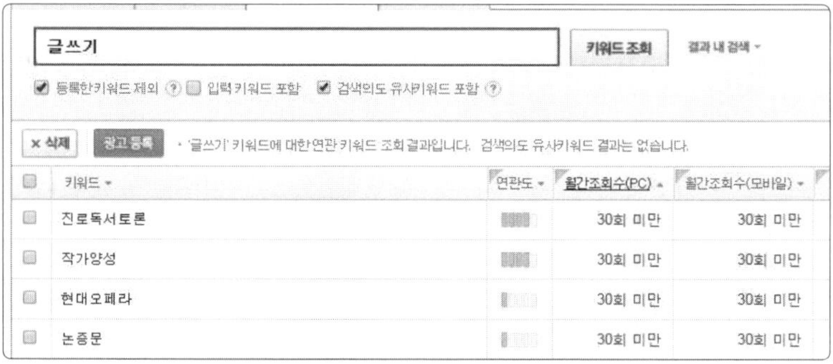

그림 4-24 키워드 검색(2)

4.3 페이스북 그룹 활용

페이스북은 크게 개인 피드, 페이지, 그룹으로 나뉜다. 모두 목적이 다르다.

개인 피드는 개인의 이야기를 자유롭게 나눌 수 있다. 자유롭게 말할 수 있는 것, 공유하고 싶은 정보 등 무엇이든 상관 없다.

페이지는 개인 블로그와 같은 기능이다. 블로그처럼 특정 주제를 가지고 잘 정리된 글을 올리거나 마케팅을 목적으로 한다. 페이지를 구독하는 사람이 많아질수록 광고 제안도 올 것이고 그만큼 1인 미디어로써 수익 구조도 만들 수 있다. 팀 블로그가 있듯이 페이지에서도 관리자를 선정해서 같이 운영할 수 있다. 페이스북도 페이지를 광고 비즈니스를 목적으로 만들었기 때문에 페이지에 올린 내용을 관심있는 대상들에게 알릴 수 있다. 얼마의 비용을 마케팅에 사용하냐에 따라 사람들에게 노출시키는 횟수가 달라진다. 교육을 알릴 때 한 과목당 몇백만 원의 페이스북 광고 비용을 지출하는 사례도 있다.

그룹은 네이버 카페와 같은 목적으로 이용된다. 특정 주제에 관심이 있는 사람들이 모여 그룹에서 지식을 공유하고 자료를 올리고 이야기를 나누는 공간이다. 네이버 카페와 달리 글이 올라올 때마다 그룹 내 사람들에게 알람이 되고 정보에 쉽게 접근할 수 있기 때문에 사람들은 카페에 방문하는 것보다 페이스북에서만 정보를 획득하는 경우도 있다. 그룹의 구성원이 많아지면 책이 출간되었을 때, 강의를 개설했을 때, 제품을 판매할 때 마케팅 목적으로도 이용할 수 있다.

위에서 설명했듯이, 페이스북 개인 피드는 일상적인 일을 올리는 공간이다. 대부분 사람들은 특정 주제만을 다루려고 개인 피드를 이용하지 않는다. 특정 주제를 묶어서 다루기 원한다면 페이스북 그룹이나 페이지를 만들어 사용하길 추천한다. 만약, "글쓰기" 주제만 사람들에게 집중적으로 알리고 싶다면 "매일 매일 글쓰기"라는 그룹을 만들고, 글쓰기와 관련된 이야기는 이 그룹에만 올리고 개인 피드와는 완전히 분리하는 식이다.

페이스북 그룹을 만들려면 그림 4-25와 같이 페이스북 화면 왼쪽 메뉴 그룹에 [그룹 만들기] 버튼을 클릭한다.

그림 4-25 페이스북 그룹 만들기

생성 페이지가 그림 4-26과 같이 나타나는데 그룹 이름을 기재하고 [공개 범위 선택]에서 어떤 형태의 그룹을 만들 것인지 선택한다. 공개 그룹은 글을 올릴 때마다 친구들에게 보여주고 누구나 그룹에 올려진 내용을 확인할 수 있다. 초반에는 공개 그룹으로 해서 해당 주제에 관심이 있는 사람은 누구나 가입할 수 있도록 해야 회원이 늘어난다. 어느 정도 회원이 늘어나면 비공개 그룹으로 전환한다. 비공개 그룹은 관리자가 초대하거나 기존 회원들이 초대할 수 있다. 그룹에 가입한 사람들만 내용을 확인할 수 있다. 비밀 그룹의 경우 그룹 검색이나 내용의 외부 노출이 제한된다.

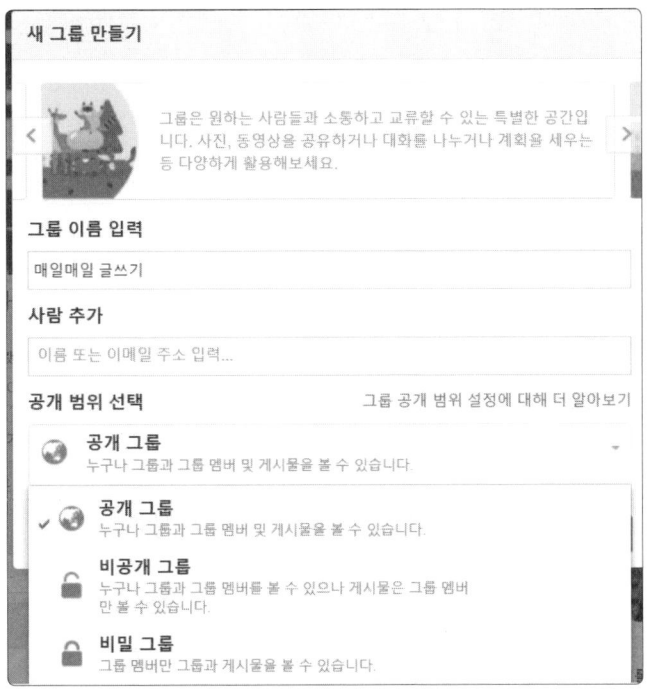

그림 4-26 페이스북 그룹 만들기

중요한 것은 공개 그룹에서 비공개 그룹이나 비밀 그룹으로 전환하면 다시 공개 그룹으로 되돌릴 수 없다는 점이다. 그렇기 때문에 비공개 그룹으로 전환하는 시점을 잘 정해야 한다. 사람들이 그룹에 올려진 내용에 반응을 보이고 공유하기 시작한 후 500~1000명쯤 모였을 때 전환하면 좋다는 것이 필자의 생각이다. 이때쯤이면 그룹 내 사람들도 친구들을 초대하면서 자연스럽게 회원이 늘어난다.

4.4 브런치 글쓰기 플랫폼 활용

브런치(www.brunch.co.kr)는 카카오톡에서 운영하고 있는 작가들의 공간 플랫폼이다. 최근에 파워 블로거 및 작가 지망생들에게 큰 인기를 얻고 있다. 파워 블로거는 새로운 마케팅 플랫폼이 필요한 것이고, 작가 지망생들은 자신의 글을 널리 알려 출판 기회를 얻을 수단이 필요했기 때문이다. 가입만 하면 자신의 글을 발행(공개)하지 않고, 메모장처럼 활용할 수 있다. 하지만, 글을 발행하기 위해서는 작가로 신청해야 한다. 간단한 소개서를 작성하면 운영자 판단하에 승인이 된다. 신청한다고 모두 승인되는 것은 아니다. 내 지인들도 신청을 했다가 모두 거절 당했다. 선정 기준이 확실치 않지만, 평소에 블로그 활동을 활발히 하는 사람들이 작가로 잘 선정된다.

작가가 되면 기존 블로그와 동일하게 자신의 글을 자유롭게 발행하여 많은 사람들과 공유할 수 있다. 그렇다면 기존 블로그 서비스와 어떤 차이가 있고, 브런치를 어떻게 활용할 수 있는지 살펴보겠다.

모바일 편집의 해방

브런치의 장점 중 제일 큰 것은 '모바일 편집의 해방'이다. 브런치는 기존 블로그와 동일한 편집 플랫폼이지만, 다른 블로그들과 달리 웹과 모바일에 차이를 두지 않고 사용할 수 있다.

기존 블로그들은 웹 서비스만 지원할 때부터 존재했기 때문에 웹에 있던 것을 모바일 페이지에 끼워 맞췄다. 그러다 보니 웹에서 작성한 것을 모바일에서 수정하려고 하면 '페이지 양식 오류'로 인해 일부 설정들만 수정 가능하다. 브런치는 모바일부터 고려한 흔적이 많다. 브런치 작가들이 어느 곳에서든 편집을 하고, 글을 발행하고, 다른 작가들의 글을 열람하는 데 편의성을 제공한다.

그림 4-27과 같이 브런치의 경우 모바일에서 편집이 가능하다.

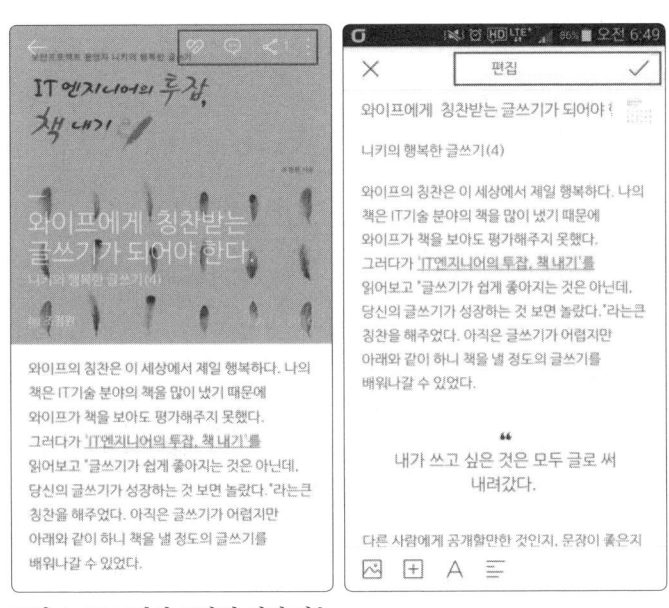

그림 4-27 브런치 모바일 편집 가능

그러나 네이버의 경우 그림 4-28에서 볼 수 있듯이 웹에서 작성한 것을 모바일에서 편집하지 못한다.

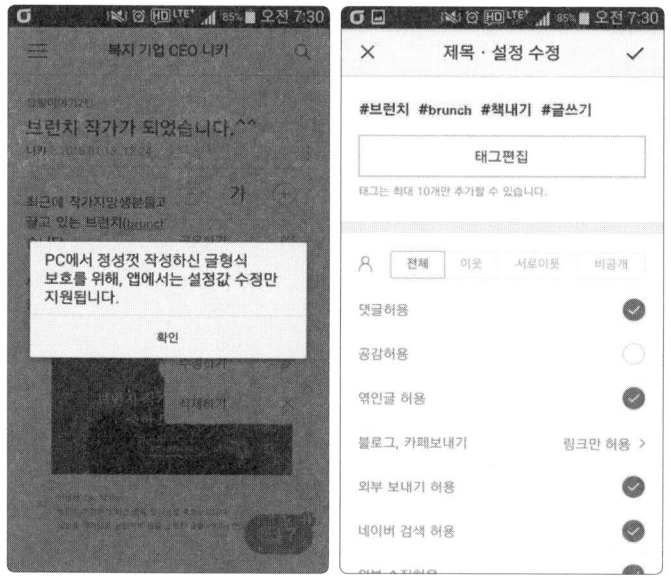

그림 4-28 네이버 블로그 모바일 편집 불가

효율적인 글쓰기 사례 검색

브런치에서 보고 싶은 주제를 검색해보자. '글쓰기'를 검색하면 글, 매거진, 작가 탭 항목에 다양한 콘텐츠들이 검색된다. 브런치 작가들이 발행한 글 중에서 '글쓰기' 제목으로 표기된 것이 모두 검색된다. 책을 쓸 때 경쟁 도서 분석과 사례 찾기가 중요하다. 이 두 가지를 같이 할 수 있는 기능이 바로 브런치에서의 주제 검색이다. 관심 있는 주제를 하나 선택해서 출퇴근 시간에 읽으면 책 한 권 읽는 기분이다. 다른 작가들이 작성한 글을 보며 필자의 경험을 바탕으로 다시 해석하여 내 글로 작성할 수 있다.

매거진은 한 주제에 속한 글들을 그룹으로 모았다고 생각하면 된다. 책으로 발행하고 싶다면 매거진으로 만들어 관리하면 된다. 필자가 관리하고 있는 카페의 글도 브런치에서 매거진 형태로 발행되고 있다. 발행될 때마다 많은 사람이 공유를 해주고, 자연스레 카페와 책이 홍보된다. 업데이트가 될 때마다 매거진을 구독하는 사람들에게도 알람이 가기 때문에 중요한 공지사항을 올릴 때도 활용할 수 있다. 다른 작가들도 참여가 가능하다. 콘텐츠를 함께 만들고 발행할 수 있다. 공동 집필이라고 생각하면 된다.

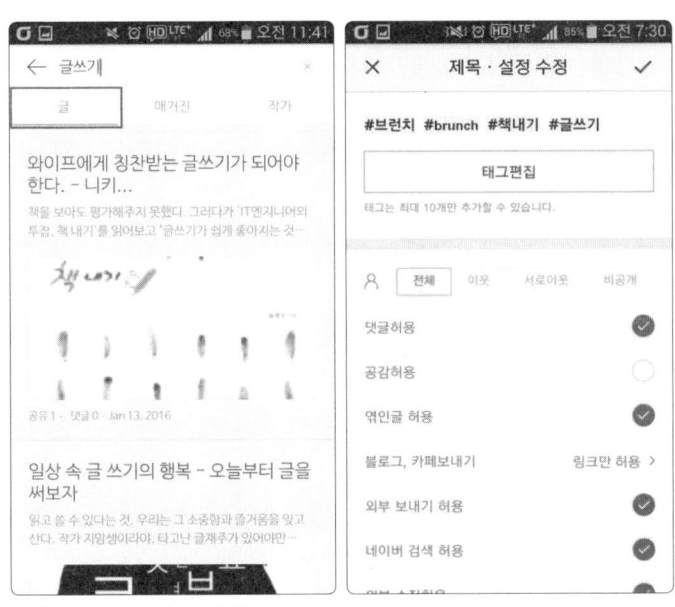

그림 4-29 브런치 글 검색

작가 탭에는 해당 주제의 글을 한번이라도 올린 작가들이 나열된다. 필자와 동일한 주제에 관심이 있는 작가들인만큼 서로 글을 구독하고 네트워크를 형성하면 좋은 글들을 공유할 수 있다. 베스트셀러 작가들도 많기 때문에 글쓰기의 노하우를 배울 수 있다. 인연이 된다면 같이 집필할 수 있는 기회도 생기지 않을까?

또한, 브런치 활동을 하다 보면 구독자 수가 많아진다. 작가는 구독자 수 순서대로 나열된다. 이것도 재미 요소이다. 제일 먼저 랭킹에 오르고 싶은 마음도 생겨 많은 작가들과 소통을 자주 한다. 다른 작가 글을 보면 꼭 답변을 달고 필자 의견을 적어준다. 글을 썼는데 라이크만 찍히는 것보단 글을 가지고 서로 의견을 나누면 얼마나 좋은가? 그게 우리가 글을 쓰는 이유 중 하나가 아닐까?

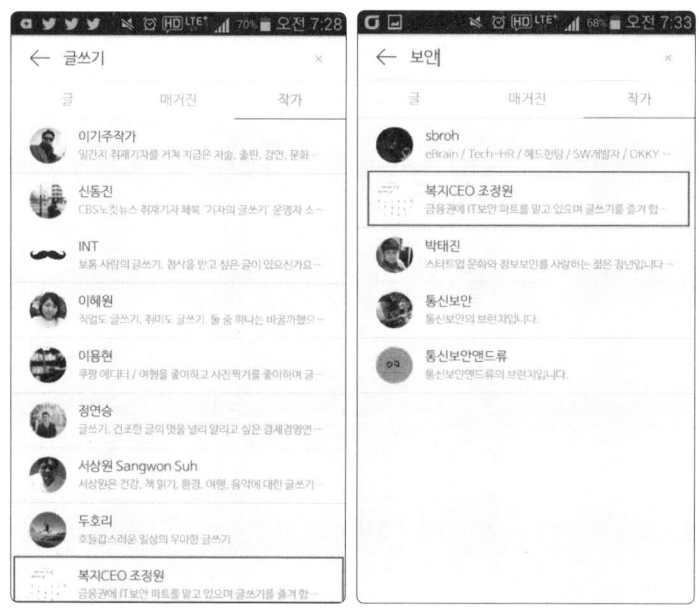

그림 4-30 브런치 글쓰기 작가 검색 결과

조회수 및 글 랭킹 기능 편의성

브런치에서 제일 마음에 드는 기능은 '글 랭킹'이다. 모바일이든 PC 단말에서든 빠르게 확인할 수 있다. 이것의 재미 요소는 크다. 각 글마다 얼마나 조회되고 공유되었는지를 보면, 사람들이 어떤 제목과 내용에 흥미를 가지고 있는지 짐작할 수 있다. 브런치를 처음 시작했을 때 어떻게 하면 사람들이 글을 많이 보게 될지 여러 시도를 하였다. 소셜 네트워크에 동시에 공유할 때가 있고, 브런치에 먼저 발행한 뒤 나중에 공유할 때도 있고, 시간대별로 차이를 준 적도 있고, 제목을 섹시하게 만들어 보려고 노력도 했다. 이런 과정에서 통계 기능은 실험 결과의 객관적인 지표가 되었다.

브런치의 유입 경로 통계를 살펴보면 소셜 네트워크 서비스보단 브런치의 독자들이 더 많은 관심을 보이고 있다는 것을 알 수 있다. 브런치의 구독자들이 독서와 책쓰기에 관심이 있다보니 발행을 하면 많은 분들이 관심을 가진다. 필자의 페이스북 친구들이 IT 기술에 많이 종사해서 브런치에 올리는 주제들과 맞지 않는 이유도 있다.

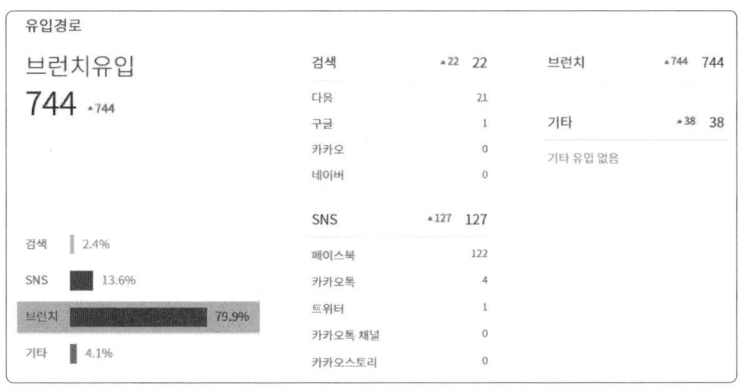

그림 4-31 브런치 글 조회 유입 경로 확인

다음에서는 브런치를 블로그 플랫폼으로 밀고 있기 때문에 다음에서 검색을 할 때 블로그 카테고리에 노출된다. 필자는 브런치에 '글쓰기' 주제로 글을 많이 올리고 있다. 지속적으로 발행을 해서 최상단에 올라가게 되면 책도 노출되어 마케팅 효과를 같이 얻을 수 있다. 다음 포털 사이트 메인에 올라왔을 때는 하루 1,000명 정도 브런치를 방문했다. 며칠 후에 잠시 주춤했던 책 판매량이 상승하는 효과가 발생했다.

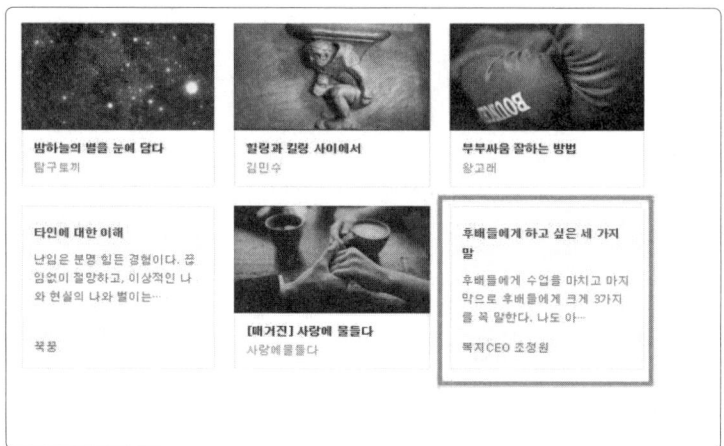

그림 4-32 다음 포털 브런치 메인 페이지에 등록된 사례

그림 4-33 다음 포털에서 검색 상단에 노출된 사례

그 뒤에 더 놀라운 일이 발생했다. 브런치에 작성했던 '하루에 책 한권 읽는 방법' 게시물이 카카오톡 채널에 소개되었다. 브런치에서 방문자가 제일 많이

유입되는 곳은 카카오톡 채널이다. 하루에 방문자가 1만명이 넘었다. 해당 게시물은 공유도 400번이 넘어 오랫동안 해당 게시물을 통해 사람들이 내 브런치를 방문하게 되었다. 사람들에게 도움이 되는 콘텐츠와 끌어들일 수 있는 제목을 이용한다면 브런치를 통한 책 마케팅 및 강의 마케팅에 효과적이다.

그림 4-34 카카오톡 채널에 글이 발행되고 방문자 수 급증

브런치와 블로그를 엮으면 큰 시너지 효과가 난다. 블로그에 올렸던 내용들을 브런치에 인용하고 링크를 걸어두면 브런치 구독자가 많아질수록 블로그의 글까지 자연스럽게 노출이 된다. 방문자 수도 급속하게 늘어나는 효과를 볼 수 있다.

재미있는 요소 제공

브런치의 알림에는 재미있는 요소가 가득하다. '구독자가 50명을 돌파했습니다!', '공유수가 50을 돌파했습니다!'라는 알림은 은근히 글쓰기의 동기부여가 된다. 자신의 글에 관심을 보이는 수가 늘어나는 만큼 작가의 행복은 없다. 글에 댓글을 달아주거나 구독을 신청하면 바로 알림이 온다. 경기하는 기분이다. 몇 명이나 공유될지 기대가 된다. 필자도 브런치를 하다가 몇일 만에 관심이 없어지다가, 간만에 글을 올렸는데 반응이 뜨거워졌고 알림의 재미에 빠져 브런치를 지속적으로 이용하게 되었다.

그림 4-35 브런치 알림 확인

맞춤법 기능 활용

필자는 책을 쓸 때 아직도 맞춤법을 많이 틀린다. IT 기술 책을 탈고하고 출판사에 넘길 때 수십 번 문장을 수정해도 맞춤법 오류들을 포함해서 수많은 문장이 수정되어 돌아온다. 어느 순간에는 출판사에 맡겨버리고 교정/교열된 것에 관심을 두지 않을 때도 있다. 습관적으로 쓰이는 문장이다 보니 쉽사리 바뀌지 않는다.

브런치에서는 발행하기 전에 맞춤법을 검사할 수 있는 기능을 제공한다. MS 워드에서도 맞춤법 기능을 제공하고 있지만, 여러 단어 중 선택하는 방식에서 오히려 시간을 소비하는 경우가 있다. 브런치에서는 문장을 빠르게 검토할 수 있으며, 수정한 단어들이나 띄어쓰기를 명확하게 표기한다. 브런치 발행을 하기 전에 꼭 검토하기 바란다.

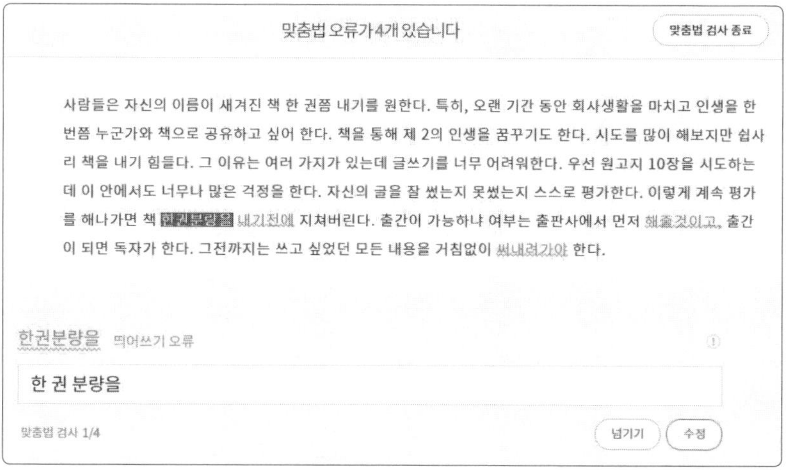

그림 4-36 브런치 글 작성 시 맞춤법 검사

하지만 브런치 기능으로 원고의 모든 문법을 검토하는 데 한계가 있다. 더 상세한 맞춤법/문법을 검사하기 위해서는 아래 사이트를 활용하기 바란다. 맞춤법뿐만 아니라 문법까지 검토하므로 글쓰기를 연습할 때도 많은 도움이 된다. 이 기능을 이용해 원고를 수정해나가며 완성한다. 맞춤법 검사에 틀리는 개수가 줄어드는 것을 보면 흐뭇해진다.

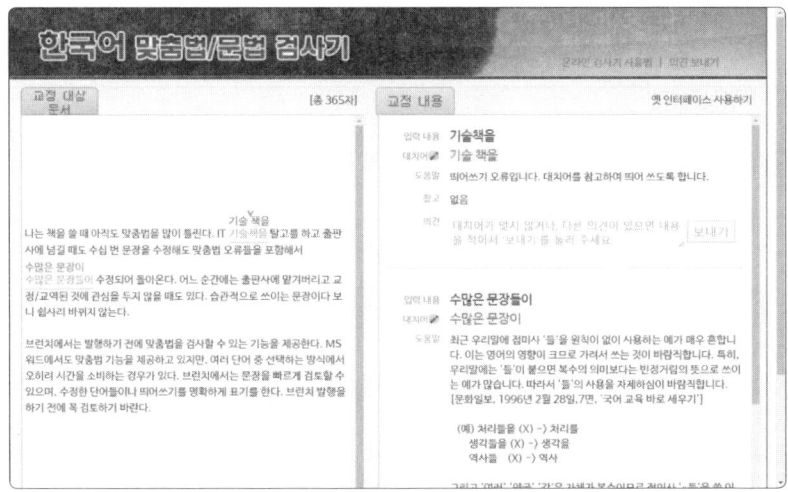

그림 4-37 한국어 맞춤법/문법 검사기(http://speller.cs.pusan.ac.kr/PnuSpellerISAPI_201504/ (단축 URL: http://goo.gl/skbOr5))

4.5 요즘 대세, 카드뉴스 마케팅

최근에 페이스북, 인스타그램 등 소셜 네트워크 마케팅이 많아지고 있다. 페이스북의 마케팅 매출이 크게 성장하면서 페이스북 페이지의 기능을 강화하고 있다. 사람들은 문자로만 이루어진 것보다 사진이나 영상을 기반으로 한 미디어 형태를 더 선호한다. 짧은 글로 채워져서 읽기가 부담스럽지 않으면서 시각도 같이 자극하기 때문에 관심이 더 가게 된다. 이에 맞는 홍보 플랫폼들이 많이 생기고 마케팅 교육도 활발하게 이루어지고 있다. 그 중에 카드뉴스 마케팅을 소개하려 한다.

카드뉴스는 모바일 환경에 최적화된 이미지 슬라이드 형태의 광고이다. 사진과 영상을 결합하여 전하고자 하는 단어를 카드 형태로 빠르고 쉽게 전달한다. 그림 4-38은 46만명이나 구독을 하는 '열정에 기름붓기' 페이스북 그룹에서 사용하는 카드뉴스 사례이다.

그림 4-38 카드뉴스 사례-열정붓기 페이스북 그룹

카드뉴스를 만들 때 일반인들은 파워포인트를 활용하고 디자인 전문가는 포토샵을 활용한다. 사진과 그림만 가지고 있다면 제작하는 데 큰 어려움은 없다. 단, 모든 마케팅의 목적에는 수익 창출이 있으므로 상업적으로 이용할 때 저작권 침해를 조심해야 한다. 특히, 사진과 폰트를 마음대로 사용하면 저작권 침해 신고가 들어오고 보상을 해야 할 수 있다. 배보다 배꼽이 커지는 경우이다. 그래서 이 책에서는 저작권을 지키면서 간편하게 활용할 수 있는 tyle(https://tyle.io/) 서비스를 소개한다.

tyle은 100만개의 스톡 이미지와 40개의 산돌 폰트를 제공한다. 또한, 목적에 맞게 테마를 제공한다. 사용자는 콘텐츠만 채우면 된다. 제작을 하고 난 뒤에는 페이스북, 트위터, 네이버 등 다양한 채널에 사용할 수 있기 때문에 시간을 효율적으로 활용할 수 있다.

비용은 그림 4-53과 같이 유료로 이용할 수 있다. 전문 마케팅이 아니면 홍보에 들어가는 슬라이드 개수는 10개 내외이다. 한 달에 한두 번 마케팅용으로 제작한다고 할지라도 큰 비용은 아니다. 이미지나 폰트의 저작권을 생각하고 직접 편집하는 시간을 생각한다면 이 정도 금액을 투자하여 마케팅에 활용하는 것도 좋다.

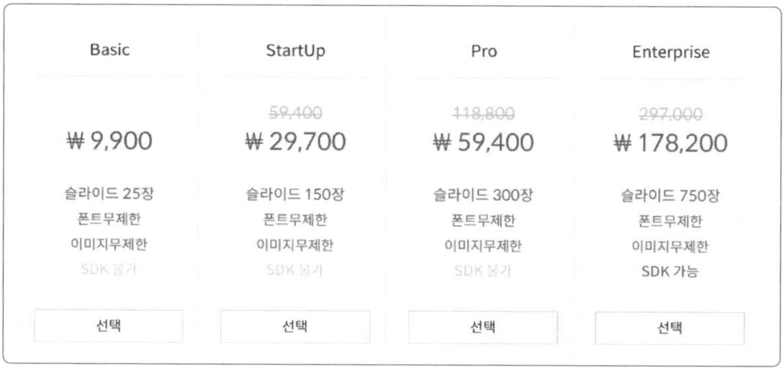

Basic	StartUp	Pro	Enterprise
~~59,400~~	~~59,400~~	~~118,800~~	~~297,000~~
₩ 9,900	₩ 29,700	₩ 59,400	₩ 178,200
슬라이드 25장	슬라이드 150장	슬라이드 300장	슬라이드 750장
폰트무제한	폰트무제한	폰트무제한	폰트무제한
이미지무제한	이미지무제한	이미지무제한	이미지무제한
SDK 불가	SDK 불가	SDK 불가	SDK 가능
선택	선택	선택	선택

그림 4-39 tyle 서비스 비용

제작하는 방법을 간단히 소개하겠다. 계정을 생성하고 로그인한 후에 [새 카드 만들기] 버튼을 클릭한다. 카드가 만들어질 때는 용도에 따라 테마를 선택할 수 있다.

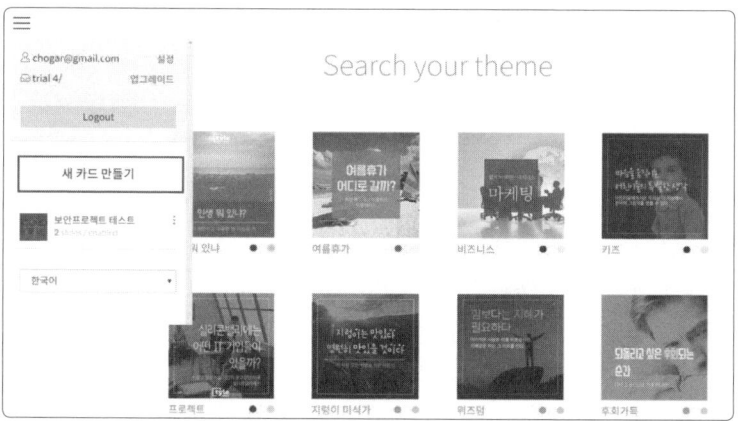

그림 4-40 tyle 서비스 테마 선택

테마를 선택하면 자동으로 카드가 만들어지고 슬라이드 작업을 한 장씩 해준다. 제목텍스트, 본문 텍스트, 로고, 박스, 이미지로 레이아웃이 나눠져 있다. 레이아웃이 겹쳐져서 하나의 슬라이드가 된다.

그림 4-41 tyle 서비스 디자인 편집하기

그림 4-42와 같이 슬라이드 왼쪽 위를 선택하면 레이아웃 별로 선택하고 편집할 수 있다.

그림 4-42 슬라이드 레이아웃 선택

카드 편집은 사용자가 할 것이 많지 않다. 서비스에서 제공하는 이미지를 선택하여 수정하거나 저작권에 위배되지 않는 간직하고 있던 사진을 이용한다. 위치와 글씨 폰트는 마케팅할 책에 맞게 조정한다.

슬라이드를 모두 편집한 뒤에 그림 4-43과 같이 화면 오른쪽 위에 [완료] 버튼을 클릭하면 진행률이 보이고 가로로 붙인 이미지, 세로로 붙인 이미지, 각 슬라이드 별 이미지로 다운로드 가능하다. 페이스북에 광고를 할 때는 압축 파일에 있는 그림을 순서대로 올리고, 블로그에서 알릴 때는 이어 붙인 파일을 올리면 된다.

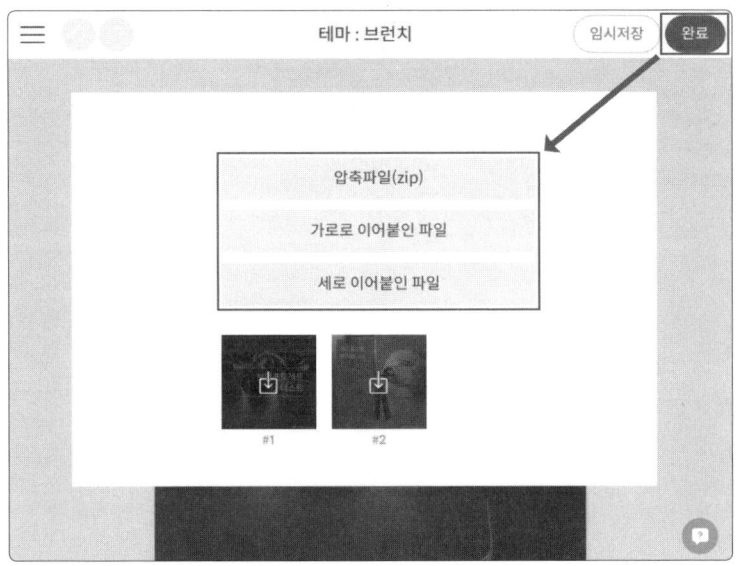

그림 4-43 슬라이드 제작 완료 후 결과물 받기

슬라이드를 몇 개 수정하다보면 쉽게 제작할 수 있는 서비스이다. 최근에는 블로그에도 글 대신 카드 뉴스 형태로 올리는 사례가 많다. 대중들은 긴 문장보다는 그림에 익숙해지고 있다. 변화에 따라 마케팅 방식도 바뀌어야 하며 빠르게 대응해야 한다.

이제까지 다양한 서비스를 이용하여 마케팅을 진행하는 방법을 배웠다. 이 책에서 다룬 모든 서비스를 이용할 필요는 없다. 시간이 허용되는 한에서 자신에게 맞는 서비스를 골라 집중하는 것도 하나의 전략이다. 하지만, 중요한 것은 많은 사람들에게 거부감 없이 노출되어야 한다는 점이다. 다시 한번 강조하지만 마케팅은 출판사보다 저자가 관심을 가지고 어떤 곳에서든 자신의 콘텐츠를 팔아야 한다.

에필로그 - 버킷리스트와 비전 선포

"꿈을 이루기 위해서는 우선 적어라."

후배들이 자신의 꿈을 찾기 위해 어떤 것을 해야 하는지 물어보면 필자가 항상 하는 말이다. "네가 하고 싶은 것을 모두 적어보아라. 이루고 싶은 꿈을 적어보아라" 이것을 가볍게 생각하는 사람이 많다. 필자는 적었던 꿈이 하나씩 현실로 오는 것을 만끽하고 있다. 지금도 새벽에 눈을 뜨자마자 내가 이루고 싶은 꿈을 노트에 적는다. 그리고 이미 이루어진 나의 모습을 상상한다. 적었던 목록 중에서 이 책을 쓰는 시기에 이룬 것과 아직 이루지 못했지만 이루기 위해 계속 노력하고 있는 것들을 나눠보겠다.

전국의 모든 대학교 순회 교육에 맞먹는 온라인 교육

대학생 때부터 "아.... 대학교 수업에 이런저런 과정들이 있으면 정말 좋은데.... 좀 더 실무적인 것을 다루면 좋지 않을까?"라는 생각을 했다. 그렇다고 나는 교수라는 직업과 맞지 않았다. 몇 개 학교에서 실무자 특강을 하면서 "전국 대학교를 돌아다니면서 특강한 내용을 유튜브로 남기고 그것을 많은 학생과 공유하면 좋지 않을까?"라는 생각을 했고, 이를 추진하기 위해 언론 매체와 출판사들과 의논을 한 적도 있다. 하지만 이 프로젝트는 추진되지 못했다. 회사에 다니고 있어 현실적인 어려움이 많았다. 이 꿈은 그대로 종이에 적은 것으로 끝날 줄 알았다.

회사에 다니면서 필자가 잘할 수 있는 것에 집중했고 필자 책이 대학교의 많은 학생들에게 읽히길 바라면서 집필을 했다. 책이 나오면서 몇 명의 교수님들이 특강 교재로 쓴다면서 연락이 왔지만, 그것으로 부족했다. 카페와 블로그를 이용하여 책을 계속 알리고 동영상 강의로 알리고 이런 강의들이 학생들에게 필요하다는 것을 강조하고 다녔다.

어느 날 한 교수님이 연락이 와서 필자가 집필한 책 4권을 대학 학과 교재로 쓰고 싶다고 했다. 이렇게 많은 책을 교재로 선정해준다는 곳은 처음인지라 강의 자료도 만들어주고 동영상 강의도 필요할 때는 공유해주기로 했다. 대학교에서 기술책 중심으로 교재로 선정하기는 쉬운 일이 아니다. 하지만 교수님도 실무와 연계해서 재미있게 배울 수 있는 형태의 교육의 필요성을 느끼셨나 보다. 최근에는 필자가 종사하는 IT 보안 신설학과와 보안 동아리도 많이 생겨 기회가 왔다.

필자가 운영하는 오프라인 공부 모임에는 지방에서 올라오는 학생들의 비율이 높아지고 있다. 지방에는 교육 기관이 많지 않고 주위에 조언을 해줄 만한 선배가 없어 몇 달 동안 고시텔에 지내면서 공부 모임과 강의에 참여한다. 대구에서 회사에 다니고 있는 한 명은 삶을 바꾸기를 바라며 대구에서 5시간 동안 버스 타고 와서 강의를 듣고 새벽에 다시 버스를 타고 내려간다. 그만큼 절실한 사람들은 서울까지 올라와서 배운다. 사실 나는 이런 분들이 올라오길 바라지 않는다. 지방에서도 충분히 공부할 수 있는 환경을 만들고 싶기 때문이다. 그래서 다양한 온라인 교육을 진행했다.

앞으로 더 큰 그림을 그려 지방에 모든 IT 진로 학생들이 온라인 강의를 듣는 그 날을 고대하고 있다. 필자가 직접 방문을 못하지만 영상과 음성으로 학생들과 만날 수 있다는 것이 너무 행복하다. 이 교육의 기반이 잡히면 언젠가는 다시 전국을 돌아다니는 큰 프로젝트를 진행해볼까 한다.

스터디 멤버 500명

카페에서 공부 모임을 시작한 지 5년이 되어간다. 공부 모임을 통해 많은 저자와 강사들이 탄생했다. 각자의 꿈을 키워가며 자신이 원하는 회사로 취업도 많이 되었다. 1년에 3번 주관을 하면서 한 기수당 15명 내외로 시작했다. 마지막 3개월 차까지 남는 사람은 대여섯 명이었다. 항상 아쉬움이 남았다. 좋은 교육 공간에 더 많은 학생과 같이 공부를 하는 꿈을 꾸었다. 그 꿈은 현실이 되었다. 오프라인/온라인 공부 멤버 500여 명이 동시에 공부할 수 있는 환경을 만들었다.

앞으로 선택할 직종과 연계해서 전문 분야 기술을 집중적으로 공부할 수 있고 서로의 과제를 리뷰하고 성장할 수 있는 환경이다. 공부 멤버가 공부하는 모습을 보면 너무 행복하다. 자신의 꿈을 설계하고 크게 성장하는 모습이 보이기 때문이다. 이들 중에는 필자와 함께 책을 쓰고 강의를 하겠다는 꿈을 꾸는 친구가 있을 것이다. 더욱 성장해서 최고의 IT 파라다이스를 만들려고 한다.

IT 보안/활용서 30권, 동기부여/자기개발서 10권 이상 집필

IT 보안책을 포함해서 10권 이상 집필한 것도 너무 감사한 일이다. 대학생이 될 때까지 책 한 권 제대로 읽지 않던 필자에게 책을 쓰는 능력이 있다는 것에 놀라움을 느낀다. 예전에는 머릿속이 복잡하면 술과 게임으로 모두 잊어버리려고 했는데, 이제는 글쓰기를 통해 머리를 비우고 새로운 것을 흡수하고 있다. 지금은 고민이 많을수록 행복하다는 생각이 든다.

IT 전문가용 책은 일반인들에게는 좀 어려운 분야이다. 그 분야와 관련이 없다면 배울 이유도 없다. 전문 기술 책만 쓰니 독자와 나누는 이야기가 주로 기술적인 내용이다. 사람의 감성을 건드리고 싶지만 그렇게 할 수 없었다. 이 분야에 온 후배들에게 더 많은 이야기를 해주고 싶지만, 기술 책으로는 한계가 있다. 이런 아쉬움에서 나온 책이 필자의 첫 번째 기술 에세이 책인 〈모의해킹이란 무엇인가(위키북스)〉이다.

IT 기술 책은 시간만 된다면 언제든 쓸 수 있는 소재가 있고 책 내는 노하우를 익혔다. 이제 더 많은 사람과의 공유를 위해 동기부여 책에 도전을 해보려고 한다. 이 책도 동기부여로 가기 위한 하나의 과정이다. 필자가 책을 가까이 하게 된 것도 동기부여 책의 힘이 크다. 힘든 시기에 필자가 갈 수 있는 길을 알게 해줬고 용기를 주었다. 포기하지 않도록 힘을 주었다. 이제는 여기까지 왔던 경험을 많은 청년들에게 말해주고 싶다. 필자의 버킷리스트는 모든 것이 집필에서 시작한다. 책이 없으면 내 삶의 콘텐츠가 없는 것이고 사람들에게 감동을 줄 수 없다.

영문으로 된 IT 책 출간(아마존 베스트셀러)

이것을 버킷리스트로 포함한 것은 우연한 일 때문이다. IT 기술 책을 출간했는데 "이 정도면 이 주제로 국내뿐만 아니라 아마존에 올라온 어떤 책보다 더 좋다"라고 자신했다. 그리고 영어권 출판 시장은 국내와 비교가 안될 정도로 크기 때문에 아마존에서 팔리면 말 그대로 대박!!을 칠 수 있다는 생각이 들었다. 넌지시 출판사에 의견을 물어봤다. 단번에 거절!! 서양에서 한국책을 볼 이유가 없다는 것이다. 프로그래밍 언어 하나 만들지 못한 국가의 기술을 배울 이유가 있냐? 라는 답변이었다. 맞는 말이었지만 기분은 엄청 상했다.

영어로 번역해서 출판하는 것을 포기하고 다른 책을 집필하고 있었는데, 출판사에서 중국에서는 가능할 거 같다고 말했다. 이것 또한 엄청난 제안이어서 추진을 하기로 했다. 지금은 집필한 책 중에서 2권이 번역되어 중국 서점에 진열되어 있고, 1권도 신규로 계약이 되어 진행되고 있다. 하지만, 내 마음속에는 미국 아마존에서 베스트셀러를 내고 싶은 꿈이 있다.

방법은 있다고 한다. 직접 영어로 집필해서 미국에 있는 출판사와 연결해보는 것이다. 힘들겠지만 못할 것은 없어 보인다. 그래서 영어로 같이 집필할 수 있는 멤버를 훈련시키고 2018년에는 아마존에서 IT 보안 베스트셀러 1위에 올라가는 것을 목표로 하고 있다.

100명 강사 양성 프로그램 추진

온라인 커뮤니티를 운영하면서 본격적으로 글쓰기가 시작되었다. 멤버들과 주제를 정하고 하나씩 정리하는 과정은 모두 글쓰기 훈련이었다. 모인 결과물은 내가 하나로 묶고 기획하여 '책'이라는 메신저로 만들었다. 책만으로는 많은 사람에게 지식을 공유하는 데 한계가 있다.

지방에는 아직도 정보를 전달받을 수 있는 곳이 부족하다. 아무리 인터넷이 활성화되어 있다 하더라도 저자들이 직접 오프라인에서 속 시원하게 문제를 해결해주는 것이 중요하다. 나도 1년에 몇 번은 지방에 가서 저자 특강을 하지만, 나 혼자 움직인다고 크게 변하지 않는다. 멤버 중에서 강사 활동을 하고 싶다면 지원을 해주고 노하우를 전달해서 집필한 책을 들고 전국 순회 강연을 가는 것이 필요하다.

내가 직접 주도하고 있는 '보안프로젝트 역곡모임'에서는 IT 보안 기술만 익히는 것이 아니라 선배들을 통해 실무 경험을 먼저 익히고, 스피치 개발 능력, 문서 작성 능력, 강의 방법 등을 익힐 수 있는 프로그램을 운영하고 있다. 후배 강사들이 많이 양성되어 비전을 나누고 각자의 목표를 이루는 일에 서로 도움을 줄 수 있는 관계 네트워크를 만들어가고 있다.

보육 아이들 1만명 이상이 지낼 수 있는 비전 센터 설립

나는 "복지CEO 니키"라고 닉네임을 사용하고 있다. 복지 단어가 들어가니 어떤 모임을 가든 처음에는 내가 종사하는 분야가 사회 복지인 줄 안다. IT 보안이라고 하니 더 궁금해한다.

대학생일 때 전주 삼성 새 소망의 집에서 봉사를 할 기회가 생겼다. 큰 봉사는 아니고 아이들과 마냥 놀아주는 역할이었다. 축구도 하고, 놀이동산도 같이 갔다. 그중에서 한 아이가 나를 '아빠'라고 부르며 따랐다. 그때 "이 아이들이 무슨 잘못일까??" 끊임없이 질문했다.

지금 사는 부천에서도 교회 성도들과 함께 아이들을 섬기고 있다. 이 아이들이 성인이 되어 센터를 나갈 때 후원금을 포함해도 300~500만 원이다. 이것도 후원이 잘되고 있는 센터만 해당한다. 이 돈으로 사회에서 무엇을 할 수 있을까? 제대로 된 교육도 받지 못하고 상처가 가득한 아이들이다. 볼 때마다 내 마음에는 "아이들을 섬길 수 있는 큰 센터와 프로그램을 운영할 수 있는 능력을 주세요"라 기도한다.

우리 와이프가 다행히 비슷한 환경에서 자라 아이들의 심리를 감싸줄 수 있고, 나도 아이들 교육에 관심이 많아 하나씩 꿈을 실현해나가고 있다. 어느 아이들보다 대우를 더 받으며 사회에 적응해나갈 수 있게 하는 것!! 내면 상처를 치유할 수 있는 공간!!

이 목표로 글쓰기를 하고, 코치를 하고, 비전을 같이 할 사람들을 양성하고 있다.

글 마치며

이 책은 IT 전문가를 위한 책이 아니고, IT 서비스를 이용해서 글을 효율적으로 쓰고 자신의 글을 다른 사람에게 어떻게 잘 알릴 수 있느냐에 초점을 맞췄다. 책을 통해 교육 사업까지 했던 모든 과정을 담으려고 노력했다. IT 전문 서적만 쓰다보니 다소 어렵게 표현한 것은 다시 쉽게 고쳐나갔다. 이제까지 썼던 책 중에서 제일 많은 시간을 투자하고 수십 번 문장을 고민하고 수정했다. 책을 쓰고 싶은 분, 책을 쓰고 난 뒤에 자신을 알릴 수 있는 기회를 맞이하길 바라는 마음도 가득 담으려고 노력했다.

책을 쓰고 난 뒤에도 콘텐츠를 알리지 못해 책이 나온 것에만 만족을 하는 작가님도 많이 보았고, 강의를 하고 싶어도 어떻게 접근해야 할지 모르는 작가님도 많이 보았다. 현재 나와 함께 책을 쓰고 있는 몇 작가님도 같은 고민을 하고 있다. 이제는 책을 쓰기 전부터, 지금 쓰고 있는 글이 자신에게 어떤 가치를 줄 수 있는지 고민을 해야 한다 생각한다. 돈을 많이 버는 것이 목적이 아니라, 자신의 생각이 다른 사람에게 많이 전달되고 그로 인해서 다른 사람의 생각이 자신에게도 전달되어야 서로 성장하고 이 사회가 성장할 수 있기 때문이다. 그렇기 위해서는 많이 사용하는 IT 서비스를 준전문가 수준으로 사용하며 공감되는 콘텐츠를 많이 표현해야 한다.

이 책에서 다루었던 많은 서비스를 모두 사용할 필요는 없다. 환경에 맞게 적재적소에 사용하면 된다. 출퇴근 시간이 많은 독자는 에버노트, 소셜 네트워크 중심으로 사용하고, 사무실에서 글쓰는 작업을 많이 한다면 블로그, 카페 등을 충분히 사용하면 된다. 시간이 남는다면 동영상 콘텐츠 영상 촬영 및 편집 기술을 배워 유튜브 1인 미디어가 되어도 좋다. 중요한 것은 시대에 맞게 IT 서비스를 활용해야 한다는 것이다.

지금은 블로그나 소셜 네트워크 서비스에만 글을 쓰고 있을 수 있다. 하지만, 언젠가는 자신의 이름이 새겨진 책이 나올 기회를 맞이할 것이다. 그때부터 마케팅을 위한 준비를 하지 말고, 미리 준비를 해두고 더욱 가치있는 글로 평가를 받기 바란다.